Sascha Zeisberg

Weltweit professionell verhandeln

Sascha Zeisberg

Weltweit professionell verhandeln

REDLINE WIRTSCHAFT
bei verlag moderne industrie

Bibliografische Information Der Deutschen Bibliothek
Die Deutsche Bibliothek verzeichnet diese Publikation in der Deutschen Nationalbibliografie; detaillierte bibliografische Daten sind im Internet über http://dnb.ddb.de abrufbar.

http://www.redline-wirtschaft.de

Gesamtgestaltung: Karin Büchner, München
Umschlaggestaltung: mi, Jürgen Echter
Satz: Fotosatz H. Buck, Kumhausen
Druck und Bindung: Himmer, Augsburg
Printed in Germany 86024/010301
ISBN 3-478-86024-5

Inhalt

Kapitel 1

10 Verhandlungen, wie sie jeder kennt
11 Verhandlungen über Grenzen hinweg
12 Die drei Ebenen der Verhandlungsführung

Kapitel 2

17 Menschliches Verhalten
20 Kommunikation
23 Macht
24 Kultur

Kapitel 3

28 Ziele von Verhandlungen
30 Verhandlungsstrategien
31 Verhandlungstechniken und -taktiken

Kapitel 4

41 Vorbereitung
42 Die ersten Minuten
43 Gespräch und Argumentation
44 Trading
46 Abschluss der Verhandlung
47 Nachbereitung und Umsetzung

Kapitel 5

50 Kulturelle Einflüsse bei Verhandlungen
51 Folgen kultureller Unterschiede
52 Schwarz-weiß-Malerei?
53 Kulturelle Unterschiede und Globalisierung

Kapitel 6

56 Verhandeln mit Deutschen: Soziale Ebene
58 Verhandeln mit Deutschen: Methodische Ebene
59 Verhandeln mit Deutschen: Prozessebene

Kapitel 7

64 Verhandeln mit Franzosen: Soziale Ebene
65 Verhandeln mit Franzosen: Methodische Ebene
66 Verhandeln mit Franzosen: Prozessebene

Kapitel 8

71 Verhandeln mit US-Amerikanern: Soziale Ebene
73 Verhandeln mit US-Amerikanern: Methodische Ebene
74 Verhandeln mit US-Amerikanern: Prozessebene

Kapitel 9

79 Verhandeln mit Italienern: Soziale Ebene
80 Verhandeln mit Italienern: Methodische Ebene
81 Verhandeln mit Italienern: Prozessebene

Kapitel 10

87 Verhandeln mit Chinesen und Japanern: Soziale Ebene
89 Verhandeln mit Chinesen und Japanern: Methodische Ebene
90 Verhandeln mit Chinesen und Japanern: Prozessebene

Kapitel 11

94 Gesamtübersicht des Kulturvergleichs
95 Grafischer Vergleich der Kulturen
98 Tabellarischer Vergleich der Kulturen
100 Die Bewährungsprobe
102 Nachwort

104 Anhang
105 Literaturverzeichnis
107 Stichwortverzeichnis

Wissen Sie eigentlich, wie oft Sie verhandeln?

Verhandeln Sie auch mit Menschen aus anderen Kulturen?

Kennen Sie die Bestandteile einer Verhandlung?

1

- „Einfache“ Verhandlungen
- Interkulturelle Verhandlungen
- Die drei Ebenen der Verhandlung

Verhandlungen, wie sie jeder kennt

Beim Verhandeln kommunizieren die Beteiligten mit dem Ziel, eine Übereinkunft zu erreichen.

Verhandlungen führt jeder Mensch mehrmals am Tag und das selbst dann, wenn er es überhaupt nicht bemerkt. Auch Sie verhandeln nicht nur im Beruf, sondern in nahezu jeder Lebenslage. Ob Sie einkaufen gehen oder versuchen, Ihre Kinder gegen deren Willen ins Bett zu bringen: Jede Diskussion, bei der verschiedene Positionen vertreten werden, ist eine Verhandlung. Nur wenige verstehen aber die Hintergründe, Möglichkeiten und Gefahren der Verhandlungsführung, weshalb bereits triviale Gründe im schlimmsten Fall zu einem Fiasko führen können. Was im privaten Bereich im Streit endet, ist unter Umständen ein erheblicher Kostenfaktor für Unternehmen, wenn wichtige Verhandlungen scheitern.

Verhandlungen über Grenzen hinweg

Soweit ist das für Sie vielleicht nichts Neues, aber wenn bereits „einfache" Verhandlungen vielen von uns erhebliche Probleme bereiten, wie sieht es aus, wenn ein weiterer Faktor Einfluss nimmt: Die Verhandlungspartner stammen aus „fremden" Ländern und verhalten sich überhaupt nicht so, wie Sie es erwartet haben? Bei der Bewältigung dieser Probleme soll Ihnen dieses Buch helfen.

THEMEN IM ÜBERBLICK

- Menschliches Verhalten, Kommunikation und die Relevanz dieser Punkte für Verhandlungen
- Bestandteile von Verhandlungen
- Verhandlungstechniken
- Ablauf von Verhandlungen
- Fehler – und wie Sie diese vermeiden können
- Kulturspezifische Unterschiede und deren Einflüsse auf oben genannte Punkte

Das Ziel: international erfolgreich verhandeln

Nur durch eine flexiblere Vorgehensweise gegenüber Verhandlungspartnern aus anderen Kulturkreisen, durch die Anpassung von Taktiken, Techniken und Verhalten können Sie optimale Verhandlungsergebnisse erzielen. Aus Platzgründen können lediglich fünf Kulturen eingehend beschrieben werden, aber es geht bei diesem Buch nicht um ein Patentrezept, das Sie bei allen Vertretern einer Kulturgruppe anwenden können. Sie sollen für Unterschiede und Probleme sensibilisiert werden, um die Grundregeln des interkulturellen Miteinanders zu verstehen und zu beachten. Das wird Ihnen helfen, sich sicher auf internationalem Parkett zu bewegen und keine Schwarz-Weiß-Malerei von Menschengruppen zu betreiben, für die es ebenso viele Gegenbeispiele geben mag wie typische Vertreter.

Die drei Ebenen der Verhandlungsführung

Eine Verhandlung setzt sich aus mehreren Bestandteilen zusammen, die nicht alle direkt erkennbar sind!

Das Modell der drei Ebenen der Verhandlungsführung soll Ihnen dabei helfen, die Bestandteile und deren Verbindungen zu erkennen, um damit gewissermaßen aus der Vogelperspektive eine Analyse und Planung erstellen zu können. Aus diesen drei Ebenen setzt sich eine Verhandlung zusammen und Unterschiede in diesen Bereichen führen zu völlig divergenten Ausprägungen des Verhandelns in den einzelnen Kulturkreisen. Stellen Sie sich diese drei Ebenen als Eisberg vor. Zumeist erkennen Sie lediglich den Ablauf, also die Prozessebene einer Verhandlung. Sie sehen, wie gut Sie sich vorbereitet haben, wie Sie über Argumente den Handel einleiten, die Ergebnisse abgleichen und das Gespräch beenden. Unter der „Wasseroberfläche" beeinflussen aber Strategien und diverse Taktiken den Prozess und unter Umständen auch die zwischenmenschlichen Beziehungen. Sehr erfahrene Verhandlungspartner (oder -gegner ...) besitzen oft die Fähigkeit, die Verhandlung durch gezielte Motivation und Manipulation der Gegenseite nahezu unbemerkt zu kontrollieren.

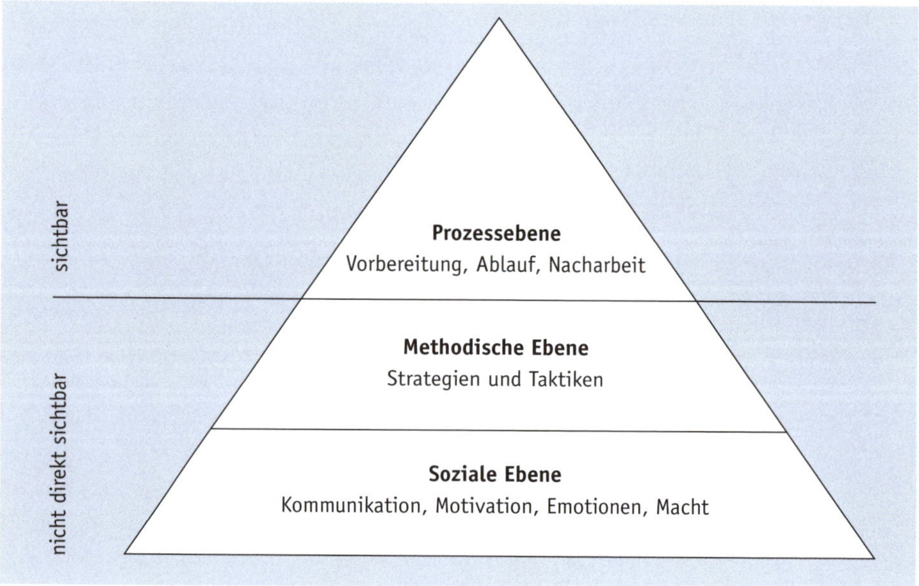

BEANTWORTEN SIE SICH FOLGENDE FRAGEN

- Hat sich schon einmal in Gesprächen mit Ihren Vorgesetzten Ihre Position drastisch geändert und/oder haben Sie erst später bemerkt, dass Sie keines Ihrer Ziele erreichen konnten?
- Wie oft haben Sie bei größeren Anschaffungen (zum Beispiel beim Autokauf) erst nach ein paar Tagen das Gefühl bekommen, dass ein besseres Geschäft möglich gewesen wäre?
- Haben Sie jemals ein Produkt an der Haustür gekauft, weil Sie Mitleid mit dem Verkäufer hatten oder weil Sie „beschwatzt" wurden?

Wenn Sie eine dieser Situationen bereits erlebt haben, wurden Sie mit großer Wahrscheinlichkeit manipuliert, damit Ihr Gegenüber seine Ziele durchsetzen konnte. Autoverkäufer und Vertreter, die ihre Geschäfte an der Haustür tätigen, haben einen geradezu legendären Ruf, auf Beeinflussung der Kunden geschult zu sein.

Kennen Sie die Hintergründe Ihres Handelns?

Warum ist das für Verhandlungen relevant?

Welchen Einfluss übt Kultur auf Verhandlungen aus?

2 Die soziale Ebene der Verhandlungsführung

- Verhalten
- Motivation
- Emotionen
- Kommunikation
- Kultur

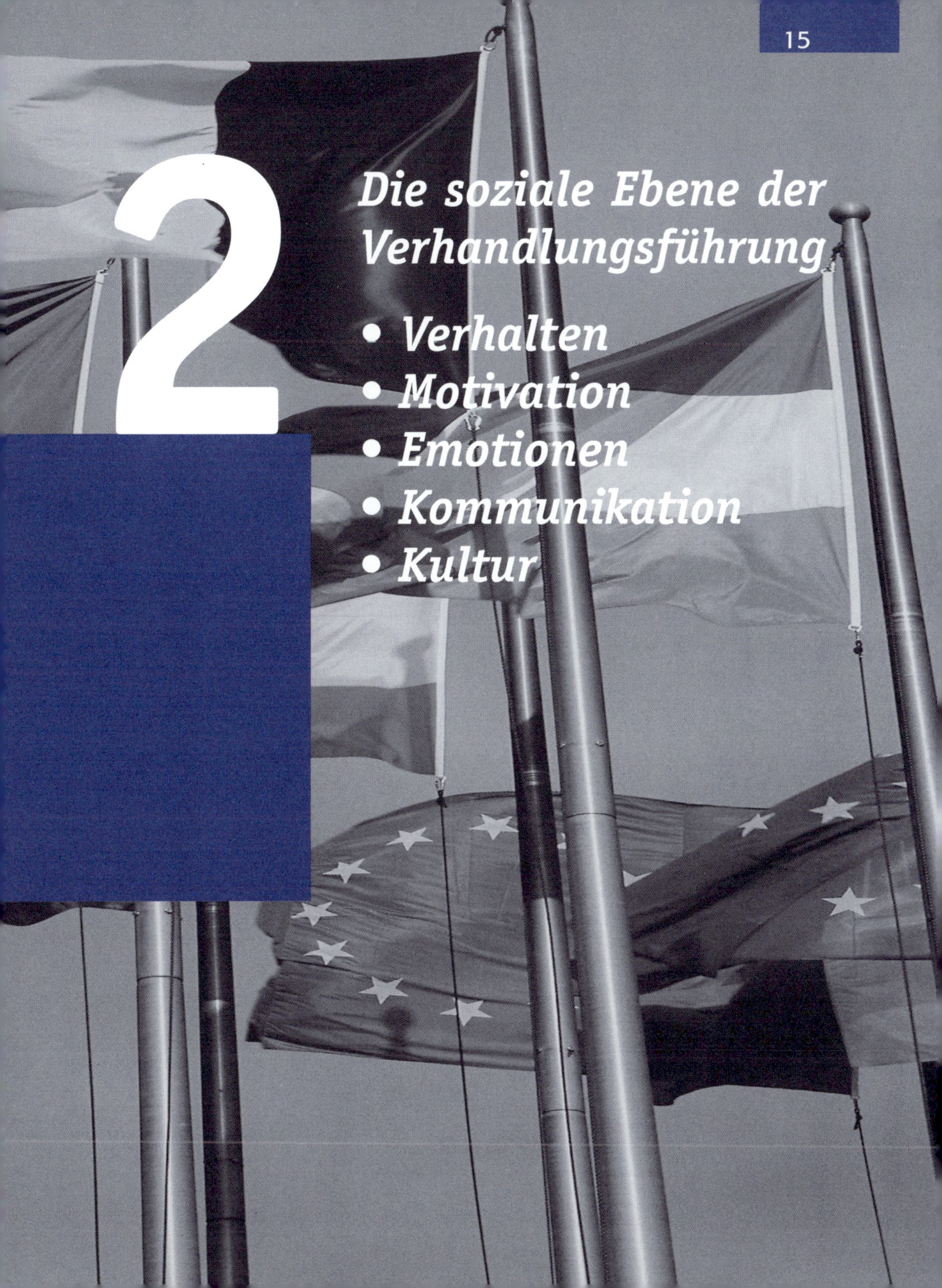

Bereits die Anwendung einiger Kenntnisse über menschliches Verhalten kann für Sie sehr hilfreich sein und Verhandlungen positiv beeinflussen. Besonders im privaten Bereich, bei Nachbarschaftsstreitigkeiten oder in der Erziehung, wären Techniken und Taktiken fehl am Platz. Dort kommt es darauf an, ob Sie die Situation mit einer Portion Einfühlungsvermögen erfassen und angemessen reagieren können.

Menschliches Verhalten

Fast jeder von uns verfällt leicht in die Unsitte, sich über das Verhalten anderer zu wundern, ohne das eigene zu hinterfragen. Das liegt unter anderem daran, dass wir dazu neigen, uns mit allen Einstellungen und Handlungsweisen als das Maß der Dinge zu betrachten. Autofahrer ärgern sich beispielsweise über „unfähige" Verkehrsteilnehmer, aber ebenso über hupende Zeitgenossen, wenn sie selbst nur einen „kleinen Fehler" gemacht haben. Um eine Verhandlung zu führen – die in den meisten Fällen Konfliktpotenzial beinhaltet – sollten Sie sich mit den Gründen für das Verhalten anderer auseinander setzen und versuchen, diese zu verstehen, zu tolerieren und bestenfalls zu akzeptieren.

Bedürfnisse und Motivation

Die Literatur über Verhandlungen bezieht sich zu diesem Themengebiet zumeist auf die Theorien Abraham Maslows, der die menschlichen Bedürfnisse als hierarchisch gegliedert beschreibt. Diese beeinflussen und motivieren das Verhalten des Menschen, da er nach Bedürfnisbefriedigung strebt. Stellt man letztere in Aussicht, motiviert man Personen zu gewünschtem Verhalten. Dabei herrscht eine relative Dominanz der Bedürfnisse, was schlicht und einfach bedeutet, dass uns bei Hunger Nahrungsaufnahme wichtiger ist als soziale Kontakte. Teilbefriedigte Bedürfnisse unterer Stufen können auf der vierten Stufe kompensiert werden.

Individuelle Bedürfnisse, die oft gänzlich andere Themen betreffen, beeinflussen jede Verhandlung.

BEDÜRFNISPYRAMIDE

Selbstverwirklichung

Selbstentfaltung (Status, Macht)

Soziale Bedürfnisse (Kommunikation)

Sicherheit, Geborgenheit

Biologische Grundbedürfnisse (Schlaf, Nahrung, Trinken, Fortpflanzung)

Quelle: Maslow, Abraham H.: Motivation und Persönlichkeit, Reinbek 1999, Seite 62 ff.

Was haben Instinkte und Triebe mit Verhandlungen zu tun?

Was so theoretisch klingt, kann anhand eines Beispiels verdeutlicht werden: Herr Meier hat wenige Freunde und bekommt keinen Kontakt zu anderen Menschen. Deshalb fährt er die teuersten Autos, trägt Markenkleidung und ist machtversessen – er versucht so die nicht befriedigten Bedürfnisse nach sozialen Kontakten durch Statussymbole und Machtstreben zu kompensieren. Dieses Beispiel zeigt, dass jedes Verhalten – also auch jede Verhandlung – von bewussten und unterbewussten Bedürfnissen und dem Versuch, diese zu befriedigen, beeinflusst wird.

Beim Verhandeln werden also zumindest zwei Arten von Konflikten ausgetragen:

- Sachkonflikt (Ich möchte das Auto so günstig wie möglich kaufen, mein Gegenüber möchte aber möglichst viel daran verdienen.)
- Beziehungskonflikt (Ich will gewinnen/Ich kann diese Person nicht leiden.)

Emotionen (Kampf- und Fluchtverhalten)

Emotionen sind ein sehr wichtiger Bestandteil aller menschlichen Interaktionen. Vereinfacht können wir drei Bereiche des Gehirns unterscheiden, die unser Verhalten ausmachen:

BEREICH	AUFGABE
Stamm- oder Reptilienhirn	Steuert Instinkt- und Antriebsmechanismen, die nach dem Lust-Unlust-Prinzip funktionieren
Mittel- oder Säugetierhirn	Antriebe werden zu differenzierten Gefühlen verarbeitet
Groß- oder Denkhirn	Bewusste Denk- und Bewertungsprozesse

Das Reptilienhirn bewirkt bei positiven Reizen die Ausschüttung von Glückshormonen und bei negativen Reizen von Stresshormonen. Letztere bereiten den Körper auf Kampf- oder Fluchtverhalten vor und schränken die Funktion des Denkhirns ein, um schnell handeln zu können. Je nach Persönlichkeit reagieren Sie dann bei einer Bedrohung mit Kampf- oder Fluchtverhalten, das umso stärker ausfällt, je wichtiger Ihnen das Ziel ist. Also erhöht ein sehr wichtiges Ziel die Gefahr, dass Sie emotional reagieren, anstatt das Problem rational zu bewältigen.

Das Auslösen emotionaler Reaktionen, insbesondere durch Angriffe auf das Selbstwertgefühl („Sie sind doch dieser Lage überhaupt nicht gewachsen ...“), kann den gesamten Verhandlungsverlauf beeinflussen. Einerseits kann man das angestrebte Ziel gefährden, wenn durch negative Emotionen der eigentliche Verhandlungsgegenstand nebensächlich wird. Andererseits kann gezielte Provokation auch Ihre Gegner zu Fehlern verleiten.

Kommunikation

Durch Kommunikation tauschen wir Informationen aller Art untereinander aus, wir transportieren wechselseitig Botschaften. Dabei geht es nicht nur um verbale, also gesprochene, sondern auch um nonverbale Kommunikation. Da der Körper immer Signale sendet (wenn auch mitunter unbewusst), kommunizieren Sie, auch wenn Sie es nicht wollen. Ein Blick kann Ihrem Verhandlungspartner verraten, dass er Sie überrascht hat. Aber Kommunikation ist nicht nur ein Risiko, sondern auch Ihre Chance! Durch genaues Beobachten Ihres Gegenübers können Sie analysieren und Rückschlüsse für die Verhandlung ziehen.

Die analytische Betrachtung nonverbaler Elemente bei Verhandlungen rückt bereits seit geraumer Zeit stärker in den Blickpunkt. In der einschlägigen Literatur werden nonverbale Botschaften zum Teil sehr detaillierten Analysen unterzogen und tabellarisch einer Ursache zugeordnet. Problematisch ist dabei, dass oft undifferenzierte Rückschlüsse gezogen und die Beobachtungen direkt auf die Verhandlung bezogen werden.

Sicherlich wird eine nonverbale Botschaft transportiert, wenn die Person gegenüber an den Fingernägeln kaut oder sich unruhig auf dem Sitz bewegt. Doch daraus zu folgern, diese Person sei durch die Verhandlung unter Druck gesetzt worden, ist zu einfach. Ebenso können Probleme aus dem privaten Bereich dieses Verhalten motivieren, was jedoch nahezu ohne Relevanz für die Verhandlung ist. Stellen Sie fest, dass die andere Partei unausgeglichen wirkt, dann hilft Ihnen das aber dennoch einzuschätzen, welches Verhalten und welche Taktiken Wirkung zeigen werden.
Zudem lebt ein ganzer Berufsstand davon, nonverbale Elemente einzusetzen, um authentisch eine Rolle zu verkörpern. Gute Schauspieler können alle Gefühlslagen imitieren und ein abgerundetes Bild abgeben, das aber nicht ihrer realen Gemütslage entspricht. Daraus lässt sich folgern, dass man mit nonverbalen Elementen auch „lügen", sie also gezielt zur Täuschung einsetzen kann.

Kommunikation wird von drei Faktoren bestimmt, die sich gegenseitig beeinflussen.

VERHANDLUNGSBEZOGENES K-E-M-MODELL

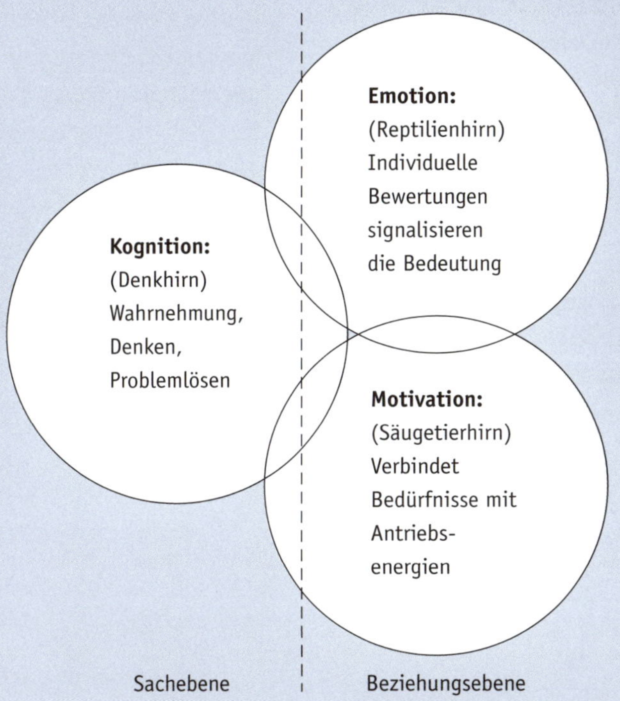

In Anlehnung an: Kroppenberg, Ulrich: Menschliches Gedankengut im Zentrum der Orientierung des Unternehmens und seiner menschlichen und maschinellen Aktionsträger, Wiesbaden 1991, Seite 316

Jede Botschaft transportiert neben den informativen auch emotionale und motivationale Inhalte. Beim Empfänger werden die übertragenen Informationen zwar neutral wahrgenommen, aber jeder Mensch bewertet die Inhalte der Informationen anders und wird so in unterschiedlicher Weise und Stärke motiviert.

Je stärker bei einer Verhandlung Informationen emotional bewertet werden, desto stärker wird die Beziehungsebene tangiert und die Gefahr wächst, dass der eigentliche Grund der Verhandlung (Sachebene) nebensächlich wird.
Sie kennen sicherlich auch Beispiele für dieses Phänomen. Je nach den Erfahrun-

Kommunikation ist eine wichtige Grundlage, um überhaupt verhandeln zu können.

gen und Gefühlen wirkt die gleiche Werbung für ein neues Produkt auf einige Menschen sehr positiv, auf andere wiederum überhaupt nicht. Da jeder Mensch Informationen auf andere Weise bewertet, unterscheiden sich die gesendete, empfangene und verarbeitete Information oft stark voneinander. Das ist von großer Bedeutung für Sie, denn Sie müssen immer erwarten, dass Ihr Gegenüber eine andere Nachricht „empfängt", als Sie „versendet" haben. Häufig führen so genannte kontextuelle Unterschiede zu gestörter Kommunikation. Man unterscheidet *low context* und *high context* Kommunikation:

- *low context:* Der Inhalt der Nachricht ändert sich nicht, unabhängig davon, in welchem Zusammenhang sie gesendet wird.
- *high context:* Die Bedeutung variiert je nach Situation und den übermittelten nonverbalen Signalen. Dies lässt viele Interpretationsmöglichkeiten zu, da oft die nonverbalen Botschaften die Wahrheit sagen, während die verbalen diplomatisch sind, um die Gegenpartei nicht zu kompromittieren.

Macht

Macht ist das Vermögen, in sozialen Systemen Unterordnung zu erzwingen. Dabei spielen Hierarchien eine wichtige Rolle, denn sie definieren den Status des Einzelnen und seine Einordnung in das System. Wer über anderen steht, kann seine Anordnungen auch gegen deren Willen durchsetzen. Wenn beispielsweise Ihr Vorgesetzter selbst einleuchtende Einwände missachtet und den von ihm erdachten Vorschlag umsetzt, haben Sie kaum Möglichkeiten. Doch auch durch Talente und Veranlagungen kann man Macht über andere haben. So haben redegewandte und extrovertierte Menschen oft Vorteile gegenüber stillen, zurückhaltenden Zeitgenossen. Folglich ist Macht ein wichtiger Baustein für den Verhandlungserfolg. Egal, was Sie tun, wenn die Gegenseite Ihnen an Macht weit überlegen ist, werden Ihnen in den meisten Fällen weder Erfahrung noch Taktiken und Techniken helfen können, erfolgreich zu sein.

Kultur

Der Begriff Kultur ist derart vielschichtig, dass eine große Zahl von Definitionen existiert. Kultur kann man als das gesamte soziale Erbe einer Gesellschaft beschreiben.
Kultur umfasst als Teilkomponenten:

- Wissen
- Sitten
- Gebräuche
- Glaubensvorstellungen

Man unterscheidet *explizite* und *implizite* Kultur. *Explizite* Kultur ist offensichtlich und den Menschen bewusst, weshalb sie auch beschrieben und definiert werden kann. *Implizite* Kultur wird zwar im Kulturkreis praktiziert, ist aber so selbstverständlich, dass sie den Menschen oft nicht bewusst ist (sozusagen „ungeschriebene Gesetze").

Kultur wird von mehreren Personen geteilt. Sie beeinflusst ihr Verhalten, aber auch ihre Erwartungen, wie sich andere ihnen gegenüber zu verhalten haben. Dies beschreibt bereits das größte Problem, das kulturelle Unterschiede bei Verhandlungen aufwerfen. Kommunizieren zwei Personen aus unterschiedlichen Kulturkreisen, setzen oft beide voraus, die andere denke und agiere nach identischen Schemata. Trifft dies nicht zu – was die Regel ist –, kann es zu Missverständnissen kommen, welche die gesamte Verhandlungsatmosphäre beeinflussen. Gesten, die selbstverständlich erscheinen, können andere brüskieren. So wird es in einigen ostasiatischen Ländern als Beleidigung empfunden, beim Gespräch die Beine übereinander zu schlagen und die Fußspitzen auf die Gesprächspartner zu richten.

FRAGEN ZUR VERTIEFUNG

Was ist *low context*-Kommunikation?

Was ist *high context*-Kommunikation?

Welche drei Komponenten beeinflussen jede Verhandlung (Stichwort K-E-M)?

Welche zwei Arten von Konflikten werden bei Verhandlungen ausgetragen?

Wie führen Sie eine Verhandlung?

Welche Strategien verfolgen Sie?

Welche Taktiken wenden Sie an?

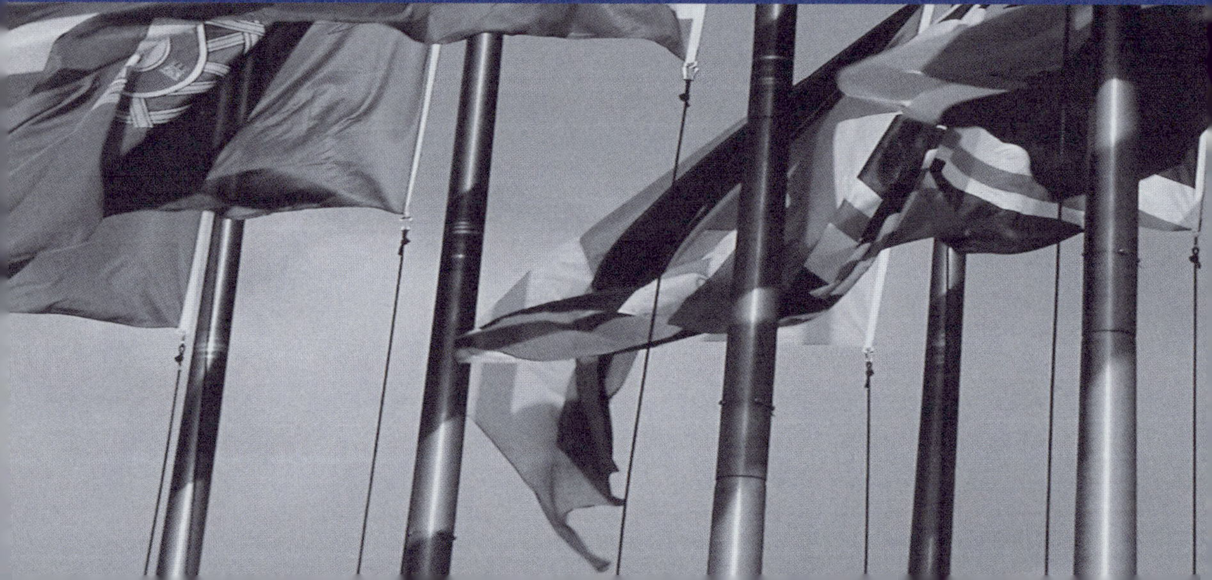

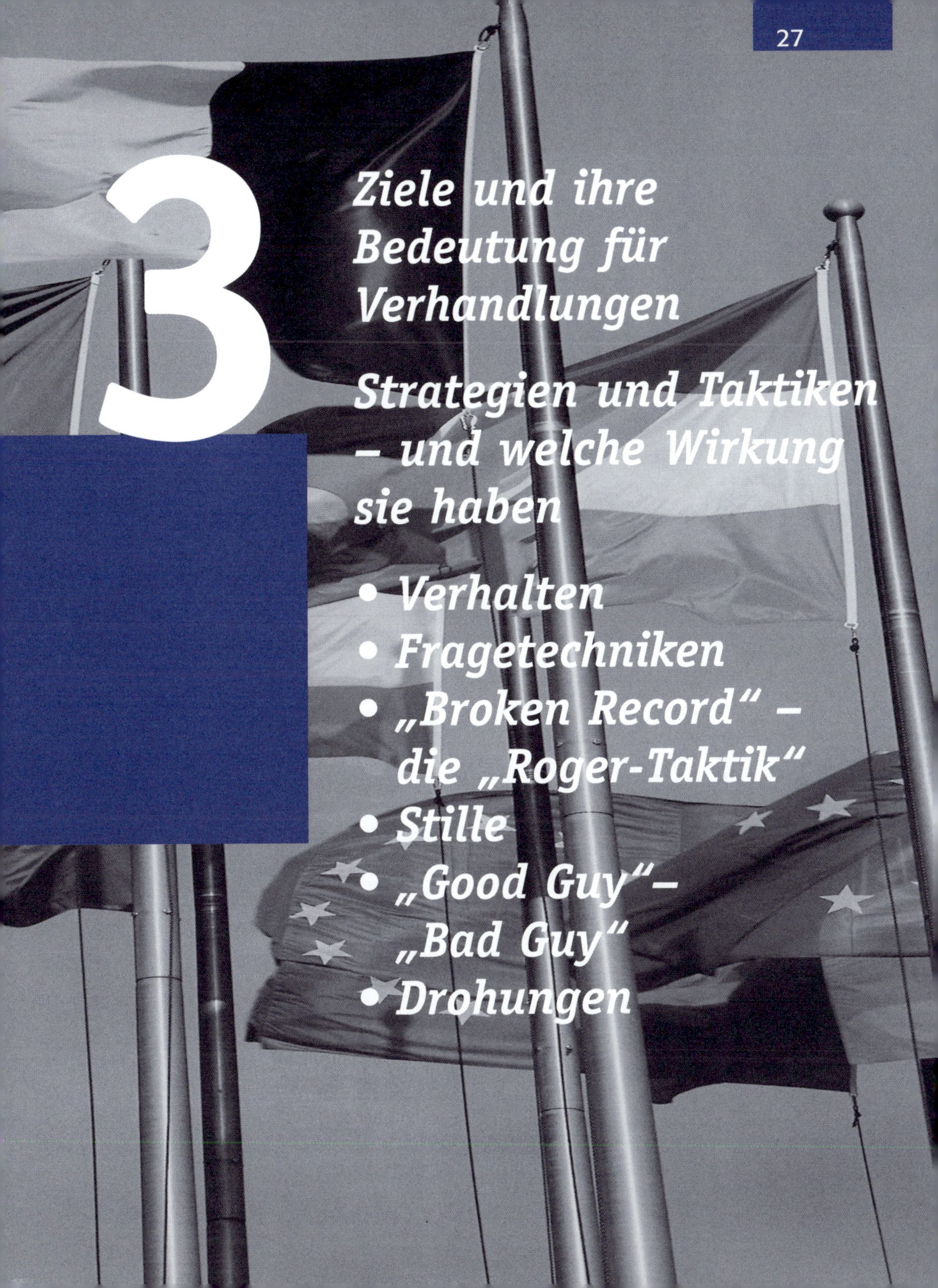

3 Ziele und ihre Bedeutung für Verhandlungen

Strategien und Taktiken – und welche Wirkung sie haben

- Verhalten
- Fragetechniken
- „Broken Record“ – die „Roger-Taktik“
- Stille
- „Good Guy“– „Bad Guy“
- Drohungen

Ziele von Verhandlungen

Jeder stellt sich vor, was er in einer Verhandlung erreichen möchte, er definiert ein Ziel. Da das in der Regel beide Parteien tun, kann ein so genannter Zielkonflikt entstehen, wenn die Erreichung des Ziels einer Seite das der Gegenseite ausschließt.

ZIELBEZIEHUNGEN

BEZIEHUNG	AUSPRÄGUNG	SITUATION
Indifferente (unabhängige) und komplementäre (sich ergänzende) Ziele	Bedürfen zumeist keiner Verhandlung, da alle Ziele problemlos erreicht werden können	Plus-Situation
Konkurrierende Ziele	Klassische Verhandlungssituation: Nähert man sich Ziel A, dann entfernt man sich von Ziel B.	Offene oder Fragezeichen-Situation
Antinome (sich ausschließende) Ziele	Keine Einigung möglich. Die Kunst besteht darin, die Situation möglichst schnell zu erkennen, um nicht unnötig Kräfte zu vergeuden oder die Verhandlungsbasis zu gefährden.	Minus-Situation

Problematisch können unterbewusste Ziele wie persönliche Bedürfnisbefriedigung sein, wenn diese eine sachliche, problembezogene Verhandlung gefährden.
Erinnern wir uns an Herrn Meier. Er wird in einer Verhandlung unablässig Druck ausüben um zu zeigen, wie mächtig er ist. Wenn Sie einen geschickten Zug anbringen, wird er durch diese Niederlage wütend werden und könnte nur noch danach trachten, Ihnen eine „Retourkutsche" zu verpassen.

Versuchen Sie, die folgenden Situationen als Plus-, Minus- oder Fragezeichensituation einzuordnen. Die Lösung finden Sie im Anhang auf S. 104.

ÜBUNGSBEISPIEL: SITUATIONSANALYSE

Nr.	Situation	+	–	?
1	Die Arbeitskollegen Karl und Klaus planen ihren Sommerurlaub. Es muss immer einer von ihnen im Büro sein, um die Geschäfte am Laufen zu halten. Karl hat seinen Urlaub für Juni geplant, Klaus für August.			
2	Karl möchte mit dem Auto zu einem Geschäftstermin nach München fahren. Klaus bevorzugt die Anreise mit der Bahn.			
3	Karl möchte nach München fliegen, um frühzeitig einen weiteren Termin wahrzunehmen. Klaus hat aber Flugangst. Niemand wird ihn freiwillig in ein Flugzeug bekommen.			
4	Die Gewerkschaften fordern 8 % Lohnsteigerung, der Arbeitgeberverband bietet 2 %.			
5	Die Gewerkschaften fordern 15 % Lohnsteigerung, der Arbeitgeberverband sieht sich nicht in der Lage, etwas zu geben.			
6	Sie möchten einen sehr wichtigen Termin mit einem Geschäftspartner für kommenden Montag vereinbaren. Dieser hat aber zum gleichen Zeitpunkt im Ausland eine wichtige Sitzung, die er nicht verschieben kann.			
7	Ein Lieferant liefert ein Produkt 10 % teurer als der Marktpreis, für weitere 10 Produkte ist er wettbewerbsfähig. Sie wollen die Preise für das überteuerte Produkt reduzieren, doch der Lieferant steht kurz vor der Insolvenz. In diesem Falle könnte er Ihnen auch die günstigen Produkte nicht mehr liefern.			

Verhandlungsstrategien

Wollen Sie die Verhandlung gewinnen oder eine einvernehmliche Lösung erreichen?

Der Begriff Strategie stammt aus dem Griechischen und bedeutet ursprünglich „Kunst der Heer- und Kriegsführung". Äußerst passend für eine Verhandlung, nicht wahr? Im heutigen Kontext versteht man darunter eine Methodik zu handeln, um ein bestimmtes Ziel zu erreichen. Die Strategie ist also das ganzheitliche Auftreten gegenüber Dritten sowie die Philosophie, die sich dahinter verbirgt und die gesamte Verhandlung beeinflusst. Es soll hauptsächlich zwischen zwei Ausprägungen unterschieden werden: Win-Win und Win-Lose. Diese Ansätze werden in der Folge näher erläutert, wobei vorausgesetzt wird, dass ein Verhandlungsergebnis erzielt werden soll.

Win-Win

Eine mögliche Grundausrichtung von Verhandlungen ist die beiderseitige Gewinnstrategie (Win-Win). Erklärtes Ziel der Verhandlung ist die partnerschaftliche Zusammenarbeit, um tragfähige Kompromisse zu erarbeiten, die für *beide* Verhandlungspartner einen Erfolg oder Teilerfolg bedeuten – vorausgesetzt, beide Partner sind kompromissbereit. Durch die kooperative Atmosphäre legen Sie auch die Basis für zukünftige erfolgreiche Abschlüsse.

Win-Lose

Die Win-Lose-Taktik zielt darauf ab, eine Partei am Verhandlungstisch zu übervorteilen. Im Extremfall erreicht eine Seite dabei alle Ziele und die Gegenseite keines.
Dies ist natürlich nur unter bestimmten Voraussetzungen möglich. Von entscheidender Bedeutung ist die Machtposition, die der/die Stärkere hat oder nur vortäuscht. Nur bei absoluter Überlegenheit werden Sie unter gewissen Umständen alle Ihre Ziele durchsetzen können. Einem fairen Geschäftsgebaren wird die Win-Lose-Taktik keinesfalls gerecht.
Kurzfristig erzielte Erfolge können sich auf lange Sicht wie zukünftige Geschäftsbeziehungen negativ auswirken. Doch sollten Sie auch diese Art der Verhandlungsführung kennen und erkennen – und sei es nur zur Abwehr einer solchen Strategie. Bei gewissen „Partnern" wird es unumgänglich sein, hart und kompromisslos aufzutreten, damit Sie nicht übervorteilt werden.

Verhandlungstechniken und -taktiken

Als Taktik wird geschicktes Verhalten und planmäßiges Vorgehen bezeichnet. Taktiken sind gewissermaßen die einzelnen Komponenten zur Zielerreichung, während die Strategie das Gesamtkonzept vorgibt. Strategie und Taktik müssen aufeinander abgestimmt sein, um zum Erfolg zu führen. Oft werden die angestrebten Ziele nicht erreicht, weil falsche Taktiken eine an sich gute Strategie untergraben haben. Viele Taktiken büßen durch Abwehrverhalten ihre Wirkung ein und Sie laufen Gefahr bloßgestellt zu werden. Entscheidend ist, dass Sie die Taktiken flexibel und gezielt einsetzen, denn jede Verhandlung hat ihren eigenen Charakter; ebenso individuell muss auch Ihre Verhandlungsweise sein.

Verhalten

Verhandlungen scheitern oft nicht aus sachlichen Gründen, sondern aufgrund des Umgangstons. Darum ist es von großer taktischer Relevanz, dass Sie die Gegenpartei nicht gleichzeitig auf mehreren „Fronten" attackieren, also in Sache und Form. Treten Sie – unabhängig vom Verhalten der Gegenseite – stets ausgeglichen und besonnen auf. Wählen Sie jedes Wort mit Bedacht, um kein Kampf- oder Fluchtverhalten auszulösen. Sie werden die größten Fortschritte machen, wenn Sie andere zu konstruktiver Mitarbeit an der Problemlösung motivieren. In der Sache können und müssen Sie aber „attackieren", also Ihre Forderungen unmissverständlich formulieren.

Bieten Sie niemandem durch Ihr Verhalten Angriffspunkte!

WIE KÖNNEN SIE FORDERUNGEN VORTRAGEN?

Formulierung	Wirkung	Botschaft
Bevorzugen wir ...?	schwach	Nicht sehr wichtig, hier werde ich gerne nachgeben.
Möchten wir gerne ...?	schwach	Es würde mich sehr freuen, ist aber nicht so wichtig.
Könnten Sie ...?	schwach	Ich möchte niemandem wehtun.
Haben Sie noch Luft?	schwach	Wenn ein „Nein" kommt, vergessen wir diesen Punkt.
Wir benötigen ...!	stark	Ein „Nein" wird keine zufrieden stellende Antwort sein.
Es ist unabdinglich, dass ...!	stark	Das ist mir sehr wichtig und ich kann hier keine Abstriche machen.
Unsere Anforderungen sind ...!	stark	Hier ist, was ich möchte und der Spielraum ist nicht sehr großzügig bemessen.

Eine wichtige Verhaltenstaktik ist der „Schutzschild“. Gehen Sie bei Angriffen und Vorwürfen nicht zum Gegenangriff über, sondern zeigen Sie bedingt Verständnis, beispielsweise mit dem Satz: „Ich verstehe Sie sehr gut, dennoch ...“ So können Sie eine Eskalation der Situationen verhindern und trotzdem Ihren Standpunkt darlegen.

Fragetechnik

Durch geschickte Fragen gewinnen und behalten Sie die Initiative und Kontrolle. Beim Antworten laufen Sie hingegen stets Gefahr, in eine Falle zu geraten oder ungezwungen zu viele Informationen preiszugeben. Die richtige Frage zur rechten Zeit kann Ihrem Gesprächspartner gewünschte Informationen entlocken. Daher sollten Sie viele und vor allem qualifizierte *offene Fragen* stellen.

Fragearten

Es werden primär *offene* und *geschlossene Fragen* unterschieden. Beide besitzen wiederum Untergruppen, die ebenfalls erläutert werden sollen.

Offene Frage

Die *offene Frage* lässt in der Regel keine kurzen Antworten zu und erzwingt somit ein längeres Gespräch. Durch die umfangreicheren Antworten kann der Fragende mehr Informationen erhalten. Unterkategorien der offenen Frage sind beispielsweise die *„Rhetorische Frage“* oder die Fangfrage. Bei der *„Fangfrage“* wird eine auf den ersten Blick harmlose Frage gestellt, deren Antwort man eventuell sogar kennt. Der Befragte soll sich bei der Beantwortung in Widersprüche verstricken. Die „Rhetorische Frage“ ist genau genommen lediglich eine Aussage, die als Frage vorgetragen wird; man erwartet eigentlich keine Antwort darauf.

Geschlossene Frage

Auf *geschlossene Fragen* kann man lediglich mit „ja“ oder „nein“ antworten. Einerseits erhalten Sie auf diesem Wege präzise Stellungnahmen, andererseits aber nur wenige Informationen von der Gegenseite. Unterkategorien sind beispielsweise die „Alternativfrage“ und die „Suggestivfrage“. Bei Ersterer hat der Befragte lediglich die Wahl zwischen zwei Alternativen, so zum Beispiel bei der Frage: „Kann ich Sie am Mittwoch oder Donnerstag besuchen?“ Eine „Suggestivfrage“ steuert in gewisser Weise die Antwort: „Sie wollen doch sicher auch zu einer Einigung kommen?“

„Broken Record“ – die „Roger-Taktik“

„Broken Record“ ist die Übersetzung für „Zerbrochene Schallplatte“ und bezeichnet eine Abwehrtaktik, die verwendet wird, wenn Sie zu einer Stellungnahme genötigt oder in die Enge getrieben werden sollen. Sie kann aber auch eingesetzt werden, um Forderungen Nachdruck zu verleihen. Essenziell für das Gelingen dieser Taktik ist, dass Sie stets monoton mit dem gleichen Satz antworten und nicht auf Provokationen, Unterstellungen oder Schuldzuweisungen eingehen. Damit signalisieren Sie auch dem hartnäckigsten Menschen in aller Deutlichkeit, dass der Sachverhalt nicht zur Diskussion steht.

PRAXISBEISPIEL FÜR DIE ANWENDUNG DER „ROGER-TAKTIK"

Vertreter: „Ich kann mir einfach nicht vorstellen, dass Sie, gnädige Frau, kein Herz für diese armen Kinder haben!"
Sie: „Ich verstehe, was Sie meinen, aber ich bin nicht interessiert!"
Vertreter: „Ich kann nicht glauben, dass Sie das Elend dieser Kinder nicht interessiert. Sehen Sie, mit diesem Abonnement ..."
Sie: „Ich habe verstanden, worum es geht, aber ich bin dennoch nicht interessiert."
Vertreter: „Darf ich Sie fragen, ob Sie verheiratet sind?"
Sie: „Ich verstehe, was Sie meinen, aber ich bin an keinem Abonnement interessiert!"
Vertreter: „Sehen Sie sich dieses Magazin wenigstens einmal an. Ich kann Ihnen versichern ..."
Sie: „Ich habe verstanden, worum es geht, aber ich bin nun mal nicht interessiert!"
Vertreter: „Sie haben doch Kinder, die wahrscheinlich schon zur Schule gehen?"
Sie: „Ich verstehe völlig, was Sie meinen, aber ich bin nicht interessiert!"
Vertreter: „Ich habe das Gefühl, Sie wollen mich auf den Arm nehmen."
Sie: „Ich kann Sie verstehen, trotzdem bin ich nicht interessiert!"
Vertreter: „Kann ich mal Ihren Mann sprechen?"
Sie: „Ich verstehe, aber ich bin nicht interessiert!"
Vertreter: „Können Sie mir dann wenigstens sagen, welche Personen und Familien außer Ihnen in diesem Haus wohnen?"
Sie: „Ich verstehe Ihr Anliegen, aber ich bin absolut nicht interessiert!"
Vertreter: „Sagen Sie, können Sie nur mit diesem einen Satz antworten?"
Sie: „Ich kann Ihnen versichern, ich habe Sie verstanden, trotzdem bin ich nicht interessiert!"

Quelle: Wissmann: Satanische Verhandlungskunst, 1993, Seite 253 f.

Stille

Viele Menschen fühlen sich bereits nach wenigen wortlosen Minuten äußerst unwohl. Sicher haben Sie auch schon händeringend nach einem Gesprächsthema gesucht, wenn es bei einer Unterhaltung plötzlich still wurde. Doch gerade deshalb ist es bei Verhandlungen oft sehr effektiv, schlicht und einfach nichts zu sagen. Ungeduldige Menschen werden sich bald unter Druck gesetzt fühlen und schnellstmöglich versuchen, die Stille zu brechen.

Auf diesem Wege können Sie auch ein großes Mitteilungsbedürfnis des Gesprächspartners ausnutzen, denn wer einen Monolog hält, läuft stets Gefahr, zu viele Informationen preiszugeben. Also sollten Sie sich je nach Situation zurückhalten und Informationen sammeln oder den Gesprächspartner motivieren, sich aktiver am Gespräch zu beteiligen.

„Good Guy – Bad Guy"

Kennzeichnend für diese Taktik ist, dass mindestens zwei Personen einer Verhandlungspartei sich abgestimmt sehr gegensätzlich verhalten. Wie der Name bereits aussagt, tritt dabei eine Person als „Hardliner" („Bad Guy") auf, während die andere beschwichtigt und den Eindruck vermittelt, sie tendiere zu Kompromisslösungen.

So kann sich die Gegenseite nicht auf ein einheitliches Auftreten einstellen und wird – sofern die Taktik erfolgreich ist – verwirrt; die Einschätzung der erreichbaren Ziele wird so erschwert. Aus Bedenken, keine Einigung zu erzielen, wird man größere Zugeständnisse machen oder versuchen, sich zum „Good Guy" zu orientieren. Auch damit hat die Taktik ihr Ziel erreicht, da letzterer ebenfalls nur geringe Konzessionen machen wird und auf seinen begrenzten Spielraum und die Gefahr des Vetos durch den/die Kollegen/in hinweisen kann.

Drohungen – „Take it or leave it"

Keine Taktik wird bei Verhandlungen häufiger verwendet als Drohungen. Zum einen, weil (fast) jeder gerne Macht ausübt, und zum anderen, weil Drohungen sehr erfolgreich sein können. Doch zumeist ist die Wirkung genau gegenteilig, denn Drohungen fördern Kampfverhalten und behindern in vielen Fällen eine konstruktive Problemlösung.

„Take it or leave it" ist gewissermaßen die „finale" Taktik, wenn Verhandlungen stocken. Man stellt die Gegenseite vor die Wahl, zuzustimmen oder die Verhandlung scheitern zu lassen. Der Vorteil ist, dass die Beteiligten in der Regel kein Interesse daran haben, ergebnislos den Heimweg anzutreten. Im Gegenzug sind sich auch Ihre Verhandlungspartner darüber im Klaren, dass Sie ebenfalls nicht an einem Scheitern interessiert sind.

Bluffen ist hier sehr gefährlich. Versierte Verhandlungsgegner erkennen die Taktik und versuchen auszuloten, was bei einer Ablehnung geschehen wird. Drohen Sie nur, wenn Sie bereit sind, die Konsequenzen zu tragen und den entstehenden Gegendruck anzunehmen.

FRAGEN ZUR VERTIEFUNG

Was sind die Vorteile der Win-Win-Strategie?

Was sind die Nachteile der Win-Win-Strategie?

Was sind die Vorteile der Win-Lose-Strategie?

Was sind die Nachteile der Win-Lose-Strategie?

Nennen Sie zwei starke Formulierungen, um Ihren Forderungen Nachdruck zu verleihen!

Nennen Sie zwei schwache Formulierungen, die nicht die volle Wirkung entfalten!

Was ist der Vorteil von Fragetechniken?

Welche Art von Fragen sollte man bei der Fragetechnik stellen?

Was ist das „Rezept“ der „Roger-Taktik?“

Welche Problematik kann sich ergeben, wenn Sie Drohungen anwenden?

Wie ist der Ablauf einer Verhandlung?
Welche Reihenfolge sollte ich einhalten
Welche Punkte sind besonders wichtig?

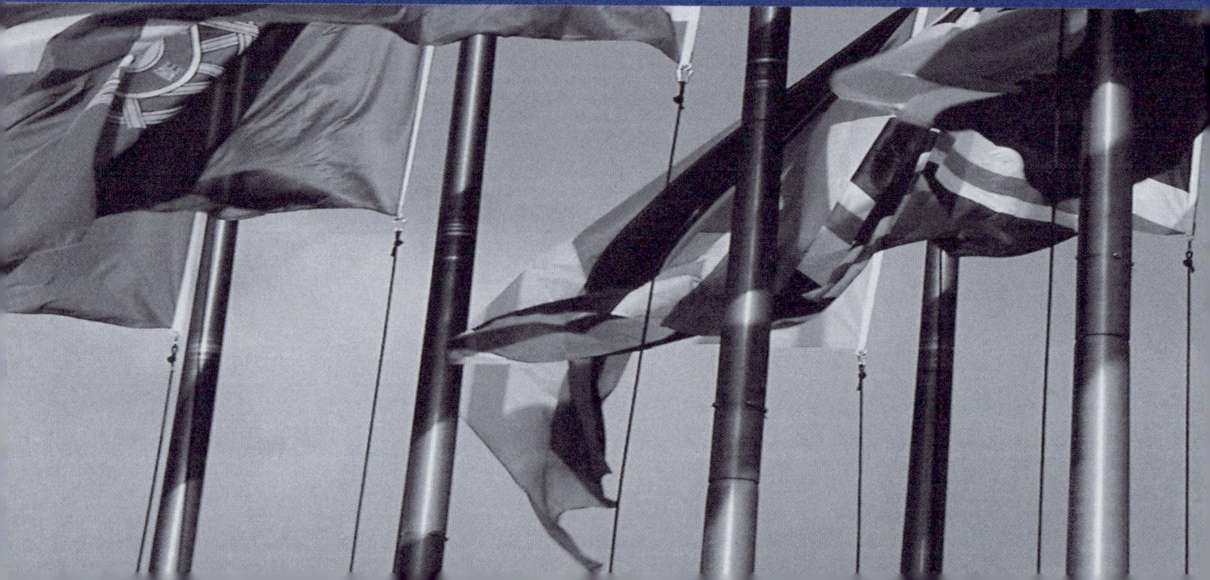

4 Die Prozessebene der Verhandlungsführung

- Ablauf
- Bestandteile
- „Dos und Don'ts“

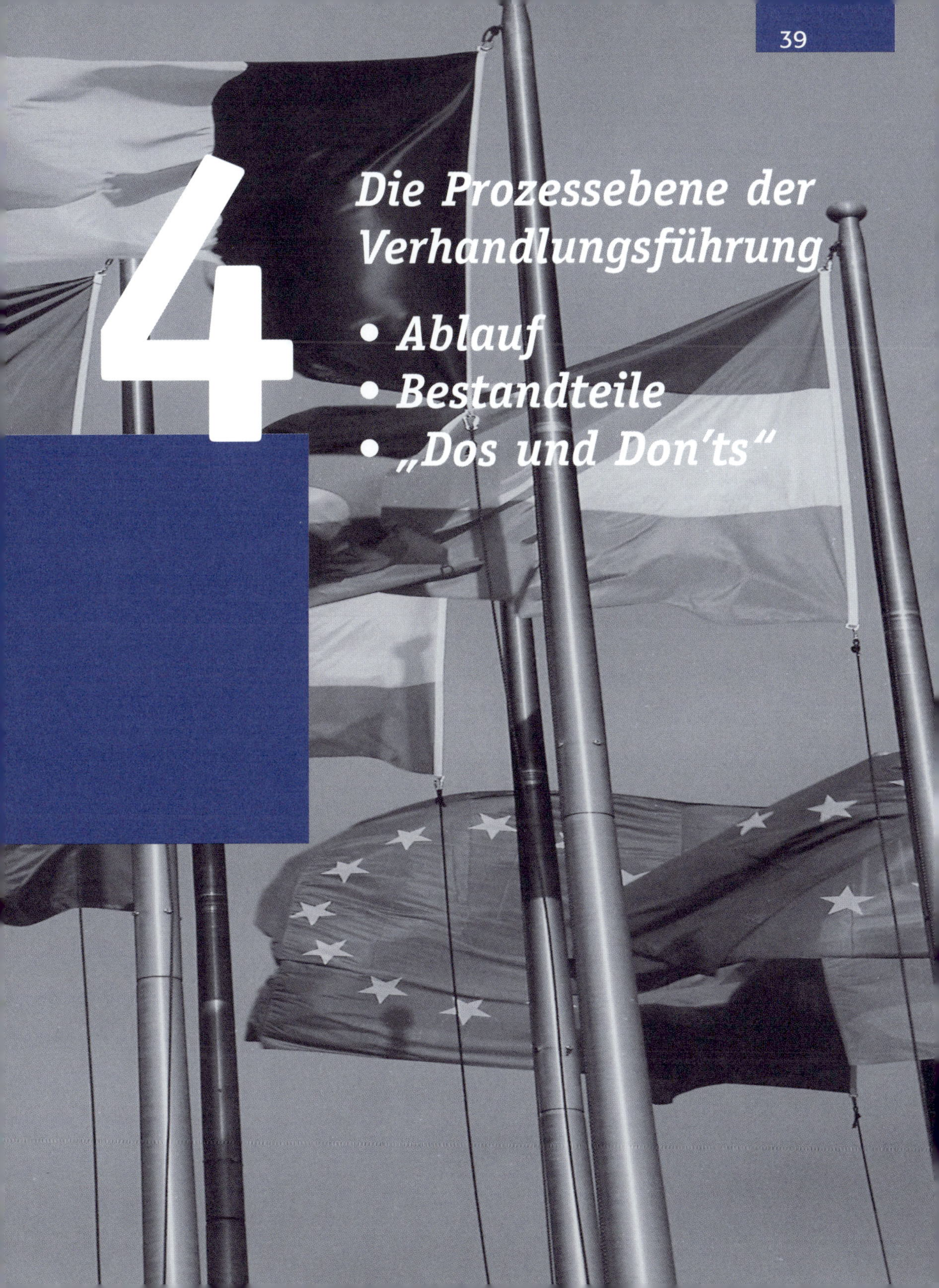

Der Ablauf einer Verhandlung ist am einfachsten zu erkennen und zu erlernen. Aber bereiten Sie sich ausreichend vor?

Wenden wir uns nun dem Ablauf einer Verhandlung zu. Eine Verhandlung besteht aus folgenden Schritten:

- Vorbereitung
- Die ersten Minuten
- Gespräch und Argumentation
- Trading
- Abschluss
- Nachbereitung und Umsetzung

Diese Schritte sind eigentlich am einfachsten umzusetzen; Potenziale können ohne großen Aufwand genutzt werden.

In der Praxis werden diese Möglichkeiten aber insbesondere bei der Vor- und Nachbereitung sowie bei der Umsetzung häufig vernachlässigt. Die Gründe sind einfach: Viele halten es für langweilige und überflüssige Arbeiten, für die bei immer größerer Arbeitsbelastung keine Zeit ist. Einerseits ist das verständlich, aber ungünstige Verhandlungsergebnisse und nicht berücksichtigte Details können im Nachhinein erheblich mehr Zeit kosten als die Vorbereitung.

Vorbereitung

Je besser Sie sich vorbereiten, desto geringer ist die Wahrscheinlichkeit, dass Sie durch Wissenslücken oder Überraschungen ins Hintertreffen geraten.
Also sollten Sie Unterlagen sichten und sich einen Gesamtüberblick über die Situation verschaffen. An dieser Stelle sollten Sie auch Informationen sammeln, mit wem Sie sprechen werden. Es macht unter Umständen einen großen Unterschied, ob Sie es mit einem Lieferanten aus der Umgebung oder einem Unternehmen aus China zu tun haben; dazu mehr im weiteren Verlauf. Interessant kann auch die Information über den Werdegang des Gegenübers sein. Wenn diese Person beispielsweise ein Studium in den USA absolviert hat, wird dadurch unabhängig von der kulturellen Herkunft der Verhandlungsstil beeinflusst.
Die Vorbereitung dient auch der Zusammenstellung der „Leverages“ (englisch für „Hebelwirkungen“). Dabei handelt es sich um Argumente oder Sachverhalte, die bedeutend für das Erreichen des Gesamtziels oder eines Teilziels sein können. In erster Linie selektiert man Informationen, um seine Ausführungen zu untermauern und so die eigene Verhandlungsposition zu stärken. Haben Sie die Historie aufgearbeitet und die „Hebel“ gefunden, können Sie die Strategie ausarbeiten. Sie muss viele Alternativen beinhalten, damit Sie umfassend vorbereitet sind und selbst in komplizierten Situationen noch Auswege aufzeigen können.

Stärken Sie Ihre Verhandlungsposition durch eine fundierte Vorbereitung.

Die ersten Minuten

Der erste Eindruck – Small Talk – und Abstecken der äußeren Grenzen

Anhand des Auftretens sowie der verbalen und nonverbalen Botschaften können Sie Rückschlüsse auf den Menschen und seine Verfassung ziehen, um dann die Strategie zu prüfen, die Sie anwenden möchten. Auch die eigene Gemütslage sollte Ihnen bewusst sein. Wenn Sie beispielsweise einen schlechten Tag haben, werden Sie tendenziell unsachlich reagieren, was der Verhandlung nicht zuträglich wäre. Entspricht die Person auf der anderen Seite des Verhandlungstisches nicht Ihren Erwartungen, können Sie durch Feinabstimmung frühe Fehler oder eine falsche Ausrichtung der Strategie vermeiden.

Erscheint beispielsweise ein Lieferant, der stets zu partnerschaftlichen Kompromissen bereit war, in Begleitung seiner Vorgesetzten, die den Eindruck erwecken, sie seien kompromisslos, können Sie davon ausgehen, dass diesen die letzten Abschlüsse nicht gefallen haben und sie versuchen werden, bessere Ergebnisse zu erzielen. In dieser Situation sollten Sie sich in eine abwartende Haltung begeben, anstatt zu offen zu sein.

Zu Beginn des Gesprächs begrüßen sich die Beteiligten und stellen sich, wenn nötig, gegenseitig vor. Um eine gute Gesprächsbasis zu schaffen, tauscht man sich (je nach Kultur!) oft vor dem Verhandlungsbeginn einige Minuten über allgemeine Themen aus. Um das Gespräch in einem zeitlich angemessenen Rahmen zu halten, sollten Sie ein Zeitlimit setzen. Neben der Terminplanung und der Rücksichtnahme auf die Konzentration aller Beteiligten ist dies unumgänglich, um die eingesetzte Zeit in einem sinnvollen Verhältnis zum angestrebten Ergebnis zu halten. Sehr wichtig ist auch die Klarstellung der Kompetenzen. Alle Beteiligten müssen autorisiert sein, die nötigen Entscheidungen zu treffen.

Gespräch und Argumentation

Der Gesprächseinstieg ist ein wichtiger Moment; hier werden bereits die Fronten abgesteckt. Besonders dominante Personen oder auch gewiefte Verkäufer verstehen sich sehr gut darauf, eine Verhandlung an sich zu reißen; daher ist es sehr wichtig, die Oberhand im Gespräch zu behalten. Besteht die Gefahr, dass Sie die Kontrolle über das Gespräch verlieren, dann müssen Sie unter Umständen die Gegenseite in die Schranken weisen um Ihre Position zu wahren.
Das Argumentieren dient lediglich der Vorbereitung auf das Trading – also den eigentlichen Handel. Die an dieser Stelle ausgetauschten Argumente haben oft nichts mit dem Gegenstand der Verhandlung zu tun, sondern dienen der Verschiebung der Machtverhältnisse. So werden die „Leverages" gegenübergestellt, um die eigene Position zu bestimmen und zu verändern.
Sie können die Argumentationsphase für zwei mögliche Ziele nutzen:

- den Gegner durch eine lange Argumentationsphase zu größeren Konzessionen zu veranlassen (Win-Lose-Ansatz, besonders beliebt in der Politik, beispielsweise bei Tarifverhandlungen);
- die Ziele, Alternativen und Einschränkungen der Gegenseite in Erfahrung zu bringen, um einen gezielten Handel vorzubereiten (Win-Win-Ansatz).

Es kann eine Verhandlung erheblich verkürzen, wenn Sie den Verhandlungsrahmen (also Minus-Situationen) erkennen und somit keine Forderungen stellen, die Ihr Verhandlungspartner nicht erfüllen kann. Da das Argumentieren zumeist der längste Abschnitt der Verhandlung ist, kann insbesondere dort viel Zeit verloren oder eingespart werden.

WICHTIG

Grundsätzlich gilt hier wie auch für die gesamte Verhandlung: Aufwand und Ergebnis müssen in einem ausgewogenen Verhältnis stehen. Wenn die Verhandlung stockt, kann es unter Umständen sinnvoller sein, sie abzubrechen und neu anzusetzen, anstatt wertvolle Zeit zu vergeuden.

Positionen und Ziele erkennen, aber auch darüber nachdenken, ob hier und jetzt wirklich verhandelt werden soll.

Trading

Trading beschreibt den eigentlichen Handel. Dort versuchen beide Verhandlungspartner, die bisher aufgebaute Position zu verwerten, um das eigene Ziel so weit wie möglich zu erreichen. An dieser Stelle sollte das erste Angebot fallen, was allerdings ein Problem aufwirft: Ein Fehler beim ersten Angebot ist fast nicht mehr zu korrigieren, da Sie damit die Erwartungen des anderen bestimmen. Wenn Sie ein schlechtes Startangebot machen, können Sie das angestrebte Ziel zumeist nicht mehr erreichen und müssen Konzessionen zugestehen. Man kann vier verschiedene Szenarien von Einstiegsangeboten unterscheiden, die in der folgenden Aufstellung am Beispiel des Verhandlungsgegenstands „Preis" schematisch gegenübergestellt werden:

VIER ARTEN VON STARTANGEBOTEN

200 €	550 €	600 €	750 €	800 €	1000 €
Eröffnungsangebot 1	Eröffnungsangebot 3	Eröffnungsangebot 2	Eröffnungsangebot 4	Angestrebter Preis	Geforderter Preis

	AUSPRÄGUNG	VORTEIL	NACHTEIL
Szenario 1 „Niedriger Einstieg"	Sehr niedriges Startangebot, um die Gegenseite unter Druck zu setzen.	Man kann größere Konzessionen machen und sich beklagen, dass die Nachlässe des anderen zu niedrig sind.	Ist das Angebot zu niedrig, kann die Verhandlung im Keim erstickt werden, die Gegenseite bricht ab.
Szenario 2 „Verankern"	Das Startangebot lässt deutlich vermuten, wo der erstrebte Zielpreis liegt.	Es sind gleichwertige Konzessionen möglich, die gezeigte Fairness erleichtert eine Einigung.	Stark abhängig vom Geschäftspartner. Er muss kooperativ sein.

Szenario 3 „Der Kuss“	Ähnlich dem Verankern, allerdings liegt der Startpreis etwas unter dem bei Szenario 2.	Man kann etwas größere Konzessionen machen. Sinnvoll, wenn eine Seite „gewinnen“ will.	Siehe „Verankern“
Szenario 4 „Rücken zur Wand“	Das Startangebot liegt fast beim angestrebten Preis.		Die Gegenseite muss größere Konzessionen machen → Misstrauen.

Quelle: Reilly, Leo: Höllisch gut verhandeln, Landsberg/Lech 1999, Seite 64 ff.

Entscheidend für erfolgreiches Handeln sind eine zurückhaltende Eröffnung und ein guter Verhandlungsverlauf. Eine klare Startposition und gestaffelte Konzessionen zeigen Ihre Kompromissbereitschaft und Fairness. Wenn Sie hingegen alle Zugeständnisse im ersten Angebot machen, wird die Gegenseite das nicht entsprechend zu würdigen wissen. Würden Sie nicht auch denken, Sie hätten noch mehr erreichen können, wenn der Verkäufer sofort auf Ihr erstes Angebot einginge?

Abschluss der Verhandlung

Ziehen Sie gemeinsam ein Resümee – das erleichtert die Nachbearbeitung.

Zum Abschluss der Verhandlung werden die erzielten Ergebnisse zusammengefasst und abgeglichen. Das hört sich nach lästiger Zusatzarbeit an, ist aber sehr wichtig. Häufig treten erst hier Missverständnisse offen zutage und zeigen, dass nicht alles so eindeutig ist, wie es schien. Daher sollten Sie immer ein Resümee ziehen und dies schriftlich festhalten.

Nachbereitung und Umsetzung

Die Nachbereitung und Umsetzung der Verhandlungsergebnisse schließen gewissermaßen den Kreis. Sie können ein gutes Verhandlungsergebnis gefährden, wenn Sie die Vereinbarungen nicht konsequent umsetzen, denn eine erfolgreiche Verhandlung beinhaltet auch die Realisierung der Vereinbarungen. Durch eine schnelle Umsetzung schaffen Sie Vertrauen, was die nächste Verhandlung mit dem Partner positiv beeinflussen kann. Die kritische Reflexion der Verhandlung, insbesondere der eigenen Leistung, kann ebenfalls den Verlauf zukünftiger Verhandlungen optimieren. Wenn Sie sich Ihrer Fehler bewusst sind, haben Sie den ersten wichtigen Schritt getan, um diese Schwachstellen in der Zukunft auszumerzen. Zudem können Sie Ihren Gesprächspartner analysieren, um in weiteren Gesprächen besser vorbereitet zu sein oder Ihr Verhalten in Zukunft anzupassen.

Erst die konsequente Umsetzung und Nachbereitung der Verhandlungsergebnisse beenden eine Verhandlung!

CHECKLISTE ZUR PLANUNG EINER VERHANDLUNG

Vorbereitung
- Unterlagen sichten
- Informationen über die Verhandlungspartner sammeln (Verhandlungsweise, Kulturkreis, Hintergründe)
- Verhandlungsspielraum bestimmen
- „Leverages“ identifizieren
- Strategie ausarbeiten
- Strategiepapier und Argumenteliste zusammenstellen

Verlauf
- Analyse der Gesprächspartner
- Kompetenzen abklären
- Argumente austauschen
- Handeln!

Abschluss und Nachbereitung der Verhandlung
- Zusammenfassung
- Zeitrahmen zur Umsetzung definieren
- Umsetzen und die Umsetzung kontrollieren
- Selbstanalyse

Wie beeinflusst die Kultur eine Verhandlung?

Welche Probleme werfen kulturelle Unterschiede auf?

Wie kann ich mit kulturellen Unterschieden umgehen?

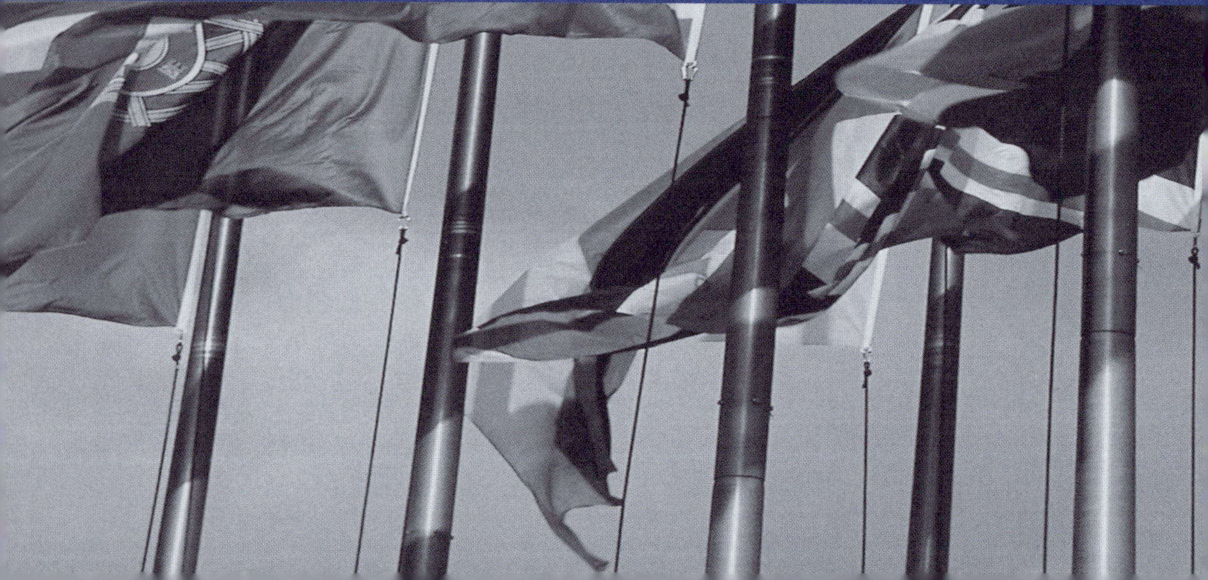

5 Kulturelle Einflüsse auf Verhandlungen

- Kulturelle Unterschiede
- Unterschiede innerhalb von Kulturen
- Globalisierung und Kultur

Kulturelle Einflüsse bei Verhandlungen

Verständnis und Akzeptanz sind wichtige Voraussetzungen fürs internationale Parkett.

Sie haben bisher den kulturellen Aspekt vermisst? Nachdem Sie nun wissen, wie die sozialen, methodischen und ablauftechnischen Bestandteile einer Verhandlung aussehen, können anhand dieser Bereiche die ausgewählten Kulturen analysiert werden. Über Jahrhunderte haben die verschiedenen Gesellschaften eigene Verhaltensmuster, Werte und Normen hervorgebracht und weiterentwickelt, die oft unvereinbar scheinen. Fehlendes Verständnis und mangelnde Akzeptanz können deshalb ethnisch bedingte Konflikte fördern. Jeder von uns kennt sicher viele Beispiele für unser eigenes Unverständnis gegenüber fremden Bräuchen und Verhaltensweisen.

Oft ärgern sich westeuropäische Touristen darüber, wie auf arabischen Märkten gefeilscht wird. Doch die wenigsten (wollen) verstehen, dass dies in solchen Kulturen ein wichtiger Bestandteil des Handels ist. Die Menschen haben Freude daran, einander näher zu kommen, bis man sich in der Mitte trifft. Wir haben das „Handeln“ verlernt, da für viele Massengüter Einheitspreise bestehen und daher niemand bei einem Discounter um den Preis der Butter feilscht.

Folgen kultureller Unterschiede

Genau genommen komplizieren kulturelle Unterschiede Verhandlungen und erhöhen die Wahrscheinlichkeit, Fehler zu begehen. Anstelle einer sachlichen Problemlösung können emotionale Reaktionen, ausgelöst durch unterschiedlich interpretierte Verhaltensweisen, jegliches Fortkommen behindern. Haben nicht auch Sie sich schon einmal über seltsame Bräuche fremder Kulturen gewundert? Denken Sie nicht, dass es umgekehrt genauso ist? „Je stärker das Verhalten des anderen gegen grundlegende Werte unserer eigenen Kultur verstößt, umso heftiger fällt unsere Abneigung aus.“ (Macioszek, Chruschtschows dritter Schuh, Seite 46).

WICHTIG

Seien Sie sich dessen stets bewusst und versuchen Sie, fremde Kulturen zu respektieren und zu akzeptieren. Dann erfüllen Sie die Grundvoraussetzung, auch international erfolgreich zu verhandeln.

Schwarz-weiß-Malerei?

Generelle Aussagen müssen nicht auf jedes Individuum zutreffen.

Denken Sie bei der folgenden Analyse der Kulturkreise stets daran, dass niemals ein Anspruch auf Allgemeingültigkeit erhoben werden kann. Selbst innerhalb kleiner Länder herrschen unter Umständen regional sehr unterschiedliche Verhaltensmuster vor. Auch können sich Einzelpersonen stark von diesen generalisierten Aussagen unterscheiden. Wenn „die Deutschen", „die Franzosen" oder „die Chinesen" analysiert werden, muss Ihnen bewusst sein, dass es sich dabei um generalisierte Tendenzen handelt. Das bedeutet im Klartext: Nicht alle Vertreter dieser Volksgruppe verhalten sich identisch, doch ein überwiegender Anteil der Bevölkerung tendiert zu diesem Verhalten.

Kulturelle Unterschiede und Globalisierung

Zudem gleichen sich durch die zunehmende Globalisierung in der Geschäftswelt die Umgangsformen und Bräuche an. Sie werden besonders in international operierenden Unternehmen meist keine Probleme bekommen, wenn Sie kulturelle Besonderheiten missachten. Durch wohlwollendes Verständnis können Sie jedoch Wertschätzung vermitteln und das Verhältnis positiv beeinflussen. In jedem Fall ist es sehr hilfreich, wenn Sie sich mit dem Gesprächspartner und dessen Kultur auseinander setzen und immer daran denken, dass er höchstwahrscheinlich mit Ihnen ähnliche Probleme hat.

In den folgenden Abschnitten werden die Verhandlungsprofile verschiedener Kulturen nach den Kriterien aus den vorangegangenen Kapiteln in folgender Gewichtung bewertet werden:

Die Globalisierung verwischt so manche kulturelle Grenzen.

SOZIALE EBENE			METHODISCHE EBENE		PROZESSEBENE
Verhalten	Kommunikation, K-E-M	Macht	Ziele & Strategie	Taktik	Verlauf

Wie verhandle ich mit Deutschen?

Was muss ich beachten, um erfolgreich zu sein?

Was kann die Verhandlung gefährden?

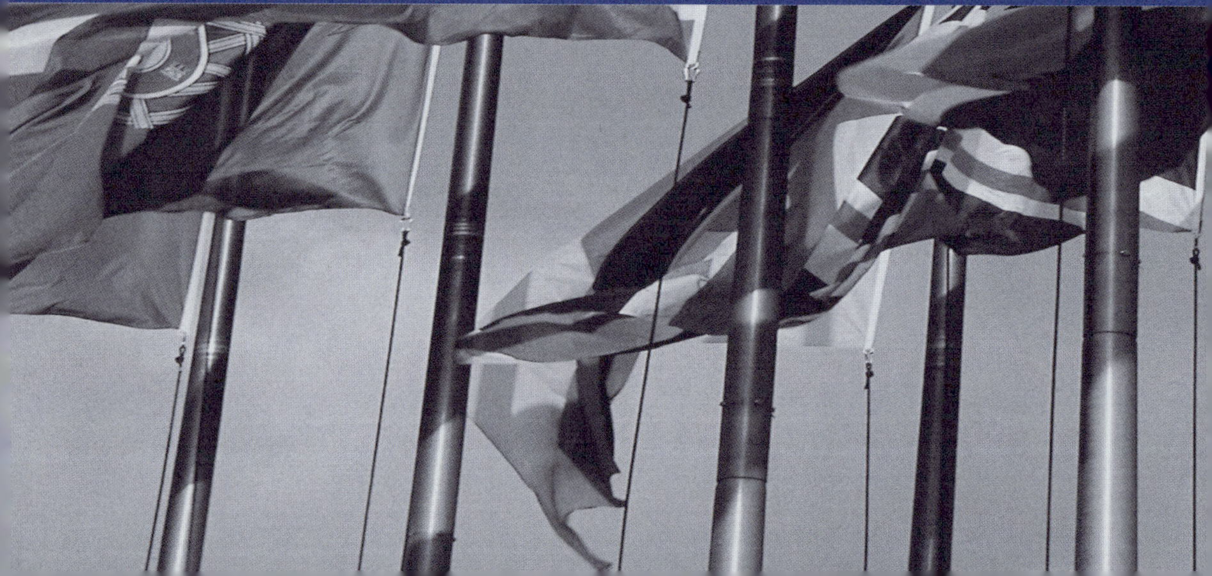

6 Verhandlungen mit Deutschen

- Soziale Ausprägung
- Methodik der Verhandlung
- Verhandlungsprozess

Verhandeln mit Deutschen: Soziale Ebene

Was ist „typisch deutsch"?

Verhalten

Deutsche gelten im Allgemeinen als Verhandlungspartner, die einen eher steifen und formellen Umgang mit Geschäftspartnern pflegen. Dies wird oft als Unfreundlichkeit interpretiert, hängt aber mit der Aufgabenorientierung der Deutschen zusammen. Im Unterschied zu einigen anderen Kulturen wird nicht erst eine Beziehung aufgebaut, um auf dieser Basis Geschäfte zu machen. Hat sich jedoch eine Geschäfts- und persönliche Beziehung entwickelt, weicht die anfängliche Distanz einem kooperativen Verhältnis. Die Skepsis kann gegenüber Ausländern noch stärker ausgeprägt sein, da Deutsche oft eine geringe Toleranz für abweichendes Verhalten zeigen. Wer eine Beziehung mit Deutschen aufbauen oder verbessern will, sollte wissen, dass sie in der Regel das Berufs- und Privatleben strikt trennen und mit Geschäftspartnern nicht sehr gerne über private Dinge sprechen. Zudem bevorzugen sie einen etwas weiteren physischen Abstand bei Gesprächen als andere Kulturen und fühlen sich unwohl, wenn der Gesprächspartner den Distanzkreis verletzt. Grundsätzlich zeigen Deutsche nur wenig Emotionen und pflegen gute Manieren, was sie auch vom Gegenüber erwarten. Kampfreaktionen kann man bei ihnen wecken, wenn man

- Ausführungen nicht durch Fakten und Beispiele untermauert,
- emotional wird,
- Fehler begangen hat,
- ihnen Fehler vorwirft.

Da Perfektionismus und Ordnung eine große Rolle spielen, werden Fehler nicht akzeptiert.

Kommunikation, K-E-M

In der deutschen Sprache steht das Verb häufig am Satzende; daher brauchen Deutsche eine Weile, um auf den Punkt zu kommen. Dies und die Eigenheit, Sachverhalte stets sehr detailliert und umfassend zu erläutern, macht Menschen aus anderen Kulturkreisen zuweilen ungeduldig.

Durch die meist monotone Stimmlage und den lauten Ton klingen Deutsche oftmals aggressiv. Zudem können sie sehr direkt und ehrlich sein. Sie werden nur selten etwas erzählen, weil andere es hören wollen. Mit Körpersprache und Mimik gehen Deutsche ebenso sparsam um wie mit Superlativen.

Macht

Historisch gewachsen – hauptsächlich durch die hierarchischen Systeme in Wirtschaft und Militär – ist das Verhältnis von Deutschen zur Macht. Sie verstehen es sehr gut, ihre Machtpositionen in Verhandlungen zu nutzen. Da Informationen Macht bedeuten, geben sie Informationen nicht gerne preis, versuchen aber andererseits, möglichst viele Informationen zu bekommen. Machtsymbole wie Titel oder Dienstwagen flößen ihnen Respekt ein, können aber auch Neid erwecken.

Verhandeln mit Deutschen: Methodische Ebene

Wie verhalten sich Deutsche beim Verhandeln?

Ziele & Strategie

Deutsche entwickeln sehr anspruchsvolle, weitreichende und langfristige Ziele und versuchen zumeist, maximale Ergebnisse aus der Verhandlung zu erreichen. Ihre Strategie bewegt sich zwischen Win-Win und Win-Lose. Sie verhandeln fair, logisch und analytisch, sind aber auch unnachgiebig und sehr zielstrebig und versuchen, jeden möglichen Vorteil zu erlangen.

Taktik

Ihr Verhalten brauchen Deutsche nicht taktisch anzuwenden, da die bereits beschriebenen Verhaltensweisen in Deutschland Usus sind. Sie treten besonnen auf und konzentrieren sich während der Verhandlung zumeist auf die Sachebene.

Deutsche fühlen sich erst sicher, wenn sie möglichst alle Informationen zusammengetragen haben. Daher stellen sie viele, sehr detaillierte Fragen, um auch tieferliegende Aspekte zu erfahren. „Good Guy – Bad Guy"-Taktiken sollte man in der Regel gegenüber Deutschen nicht anwenden, da sie offene Meinungsverschiedenheiten als Zeichen schlechter Vorbereitung ansehen. Drohungen werden in Verhandlungen häufig benutzt. Die Gründe sind einerseits das bereits beschriebene Verhältnis der Deutschen zur Macht und andererseits die Eigenschaft, alles zu tun, um das angestrebte Ziel zu erreichen.

Verhandeln mit Deutschen: Prozessebene

Fehler, die die Verhandlung erschweren.

Bereits durch verspätetes Eintreffen zur Verhandlung können Kampfreaktionen bei deutschen Verhandlungspartnern hervorgerufen werden. Deutschland ist wahrscheinlich das Land, in dem Pünktlichkeit der größte Wert beigemessen wird. Dieser Sinn für Ordnung bestimmt das Denken der Deutschen und die gesamte Verhandlung. Zudem sind Deutsche zumeist sehr gut vorbereitet und erwarten, dass die andere Partei dies ebenfalls ist. Ad-Hoc-Verhandlungen sind Deutschen nicht willkommen. Während der Argumentationsphase und des Tradings sind sie unangenehme Gesprächspartner, da sie ihre Meinung unnachgiebig vertreten und selten ändern, wenn sie davon überzeugt sind.

MERKZETTEL FÜR VERHANDLUNGEN MIT DEUTSCHEN		
SOZIALE EBENE	Verhalten	• Deutsche werden oft als steif und formal empfunden. • Sie sind zumeist stark aufgabenorientiert. • Sie halten den Aufbau einer Beziehung für nicht notwendig. • Sie trennen Privat- und Berufsleben. • Sie haben große Distanzkreise. • Sie sind nicht sehr emotional.
	Kommunikation, K-E-M	• Deutsche sind *low context*-Kommunikatoren, sie sind selten mehrdeutig. • Sie erklären Sachverhalte umfassend. • Sie sind oft direkt und ehrlich und reden ohne Umschweife. • Sie kommunizieren zumeist mit wenig Mimik und Gestik. • Sie gebrauchen keine Übertreibungen und Superlative.
	Macht	• Deutsche „lieben" Macht und nutzen sie. • Macht gilt als Statussymbol. • Sie geben ungern Informationen preis.

METHODISCHE EBENE	Ziele & Strategie	• Deutsche setzen sich in der Regel langfristige und anspruchsvolle Ziele. • Sie führen Verhandlungen im Sinne kooperativer Lösungen, jedoch oftmals mit Win-Lose-Tendenzen. • Sie sind in Verhandlungen in der Regel fair, logisch, analytisch, können aber auch sehr unnachgiebig sein.
	Taktik	• Deutsche nutzen diverse Taktiken und zeigen in Verhandlungen zumeist sachliches und besonnenes Verhalten. • Sie stellen viele Fragen. • Sie wenden selten „Good Guy – Bad Guy"-Taktiken an. • Drohungen können in Verhandlungen mit Deutschen oft vorkommen.
PROZESSEBENE	Verlauf	• Deutsche legen viel Wert auf Pünktlichkeit und Ordnung. • Sie bereiten sich in der Regel gut vor und meiden Ad-hoc-Verhandlungen. • Sie sind beim Trading hart und unnachgiebig.

Wie verhandle ich mit Franzosen?

Was muss ich beachten, um erfolgreich zu sein?

Was kann die Verhandlung gefährden?

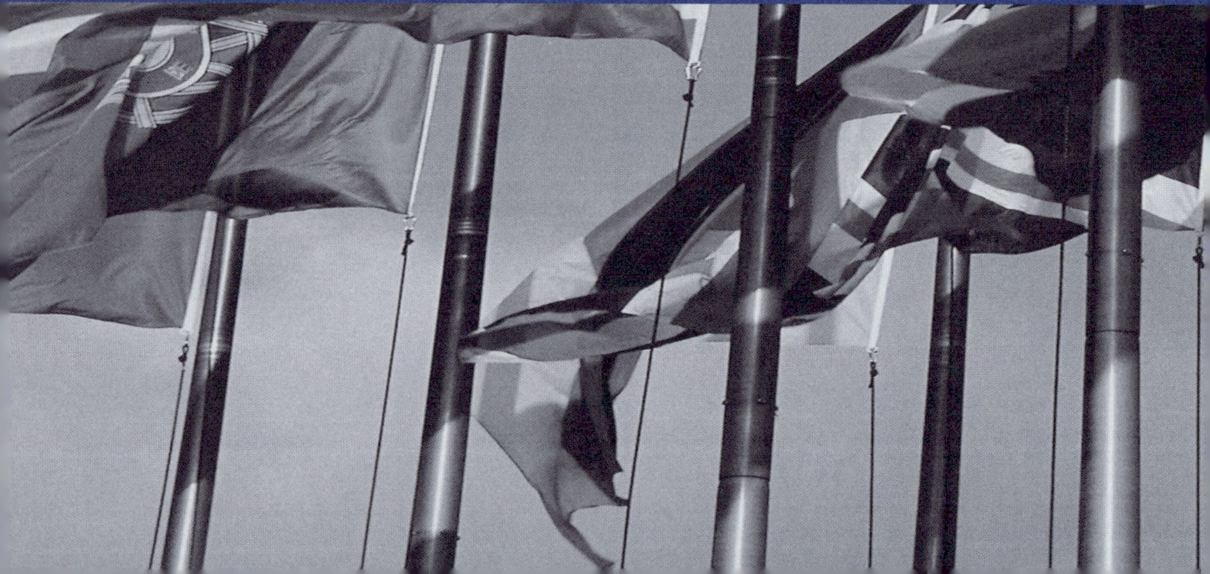

7 Verhandlungen mit Franzosen

- Soziale Ausprägung
- Methodik der Verhandlung
- Verhandlungsprozess

Verhandeln mit Franzosen: Soziale Ebene

Der „typische" Franzose

Verhalten

Gegenüber Fremden präsentieren sich Franzosen, ähnlich wie die Deutschen, reserviert und formal. Doch ist der Grund nicht die Aufgabenorientierung, sondern Misstrauen und Vorsicht. Zu französischen Verhandlungspartnern muss erst behutsam eine Beziehung aufgebaut werden, um verhandeln zu können. Dafür eignen sich insbesondere Konversationen über Kunst, Literatur oder französische Küche vor Beginn der Verhandlung. Franzosen trennen das Privat- und Berufsleben stark, daher sind persönliche Themen ungeeignet. Sie sind Perfektionisten, jedoch nicht in der Sache wie die Deutschen, sondern in Bezug auf Form und Stil des Gespräches. Sie lieben rhetorisch ausgefeilte Debatten und sehen Verhandlungen in gewisser Weise als Spiel an, das aber sehr emotional abläuft. Der geringste Verdacht einer Beleidigung kann sie aus der Fassung bringen, ebenso, wenn man ihnen Fehler vorwirft. Sie übernehmen ungern Verantwortung für ihre Fehler und beschuldigen dann die Gegenseite. Die Distanzkreise von Franzosen sind sehr klein, sodass sich Gesprächspartner anderer Kulturkreise oft bedrängt fühlen.

Kommunikation

Franzosen sind *high context*-Kommunikatoren, die vorzugsweise einige Details der Fantasie des Zuhörers überlassen. Der wahre Inhalt wird selten direkt mitgeteilt. Dies bedingt Kommunikationsprobleme mit Kulturkreisen, in welchen *low context*-Kommunikation vorherrscht, wie zum Beispiel in den USA oder Deutschland. Bei Gesprächen mit Franzosen sollte man sich darauf einstellen, oft unterbrochen zu werden. Die nonverbale Kommunikation, vor allem die Gestik, ist sehr stark ausgeprägt.

WICHTIG

Unterschiedlich interpretiert wird vor allem das Lachen. Es könnte auf französische Gesprächspartner den Eindruck machen, man lache über sie oder sei beschränkt. Mit dem anderen Geschlecht flirtet man durch ein Lächeln.

Macht

Das Verhältnis zu Macht ist ähnlich dem der Deutschen. Daher wollen Franzosen auch in keiner Weise bedrängt oder unter Druck gesetzt werden. Diesem Machtanspruch wird man am ehesten gerecht, indem man Respekt zeigt und beispielsweise französisch spricht. Titel und Intellekt beeindrucken Franzosen und können die Gespräche erleichtern.

Verhandeln mit Franzosen: Methodische Ebene

Ziele & Strategie

Franzosen können mitunter sehr unnachgiebig und unflexibel sein. Dass sie zudem individualistisch, autoritär und selbstherrlich auftreten können, impliziert, dass sie Win-Lose-Verhandlungen führen. Verstärkend wirkt die Tatsache, dass französische Geschäftspartner oft nur schriftliche Vereinbarungen einhalten oder selbst diese noch eigenwillig interpretieren und ohne Rücksprache abändern.

Taktik

Eine Verhandlung mit Franzosen wird man kaum auf der sachlichen Ebene halten können, da sie Emotionen als Teil einer Verhandlung betrachten. Man muss lediglich „mitspielen", aber immer besonnen bleiben, um die Situation nicht eskalieren zu lassen. Heben Sie daher nicht die Stimme, da dies starke Abwehrreaktionen zur Folge haben kann.

Verhalten und Reaktionen

Franzosen verhandeln zwar gerne, jedoch haben sie eine Abneigung dagegen, ausgefragt zu werden. Daher sollten Sie Fragen zumindest sehr umsichtig formulieren. Geduld zählt nicht zu den größten Stärken der Franzosen, daher kann Stille zum Erfolg führen, aber auch emotionale Reaktionen fördern, wenn sich die Gegenpartei provoziert fühlt. Franzosen werden von dieser Taktik selten Gebrauch machen.
Da Verhandlungen in Frankreich in gewisser Weise als „Kunstwerk" angesehen werden, lässt sich vermuten, dass sie auch die „Good Guy – Bad Guy"-Taktik anwenden werden. Wenn sie diese Taktik jedoch bei anderen erkennen, reagieren sie vermutlich mit Entrüstung. Auch mit Drohungen sollten Sie vorsichtig sein. Franzosen fühlen sich nicht gerne unter Druck gesetzt und solche Versuche werden starke Abwehrreaktionen zur Folge haben. Andererseits nutzen sie Macht gerne, um andere unter Druck zu setzen.

Verhandeln mit Franzosen: Prozessebene

Der Verhandlungsablauf und der Zeitrahmen

Verhandlungen weichen im gesamten Ablauf stark von denen nordeuropäischer und amerikanischer Geschäftsleute ab. Sie sollten zwar gut vorbereitet in die Verhandlung gehen, doch dürfen Sie nicht erwarten, dass selbst detaillierte Zusammenfassungen ihren Zweck erfüllen werden. Man wird diese Punkte lieber ausgiebig verbal mit Pro und Kontra diskutieren.

Verhandlungen unter Franzosen sind oftmals durch hohes Tempo und ausschweifende, zum Teil philosophische Diskussionen bestimmt. Das kann die gesamte Verhandlung sehr langwierig machen und muss in keiner Weise bedeuten, dass am Ende ein Ergebnis steht. Existiert eine Agenda, dann nur als Rahmen, der aber zeitlich nicht eingehalten werden muss.

MERKZETTEL FÜR VERHANDLUNGEN MIT FRANZOSEN		
SOZIALE EBENE	Verhalten	• Franzosen treten Fremden oft reserviert und formal entgegen. • Sie misstrauen Menschen, die sie nicht kennen. • Sie sind Perfektionisten. • Sie sind häufig sehr patriotisch und stolz. • Ein Beziehungsaufbau vor der Aufnahme von Geschäften ist durchaus sinnvoll. • Sie trennen Privat- und Berufsleben strikt voneinander. • Sie haben auffallend kleine Distanzkreise. • Ihr Verhalten ist oft sehr emotional.
	Kommunikation, K-E-M	• Franzosen sind *high context*-Kommunikatoren. • Man muss ihre Absichten oft „zwischen den Zeilen lesen". • Ihre Gestik und Mimik sind sehr ausgeprägt.
	Macht	• Franzosen „lieben" Macht und nutzen sie auch. • Macht gilt auch für Franzosen als Statussymbol. • Sie schätzen es, wenn man ihnen Respekt entgegenbringt. • Sie wollen nicht unter Druck gesetzt werden.

METHODISCHE EBENE	Ziele & Strategie	• Franzosen tendieren oft zu Win-Lose-Verhandlungen. • Sie pflegen einen unnachgiebigen Verhandlungsstil. • Sie halten zeitweise selbst schriftliche Vereinbarungen nicht ein.
	Taktik	• Emotionen sind für Franzosen ein wichtiger Teil der Verhandlung. • Sie haben eine Abneigung dagegen, ausgefragt zu werden. • Stille fördert bei Franzosen häufig Ungeduld. • „Good Guy – Bad Guy"-Taktiken nutzen Franzosen häufiger. • Sie machen ebenfalls häufig Gebrauch von Drohungen. • Sie reagieren aber sehr emotional, wenn andere diese Taktiken anwenden.
PROZESSEBENE	Verlauf	• Gäste sollten jederzeit gut vorbereitet sein. • Franzosen diskutieren lieber, als schriftliche Zusammenfassungen zu lesen. • Sie diskutieren mit hohem Tempo, philosophisch und sehr emotional. • Die Agenda gilt für viele Franzosen als Rahmen, der unverbindlich ist.

Wie verhandle ich mit Amerikanern?

Was muss ich beachten, um erfolgreich zu sein?

Was kann die Verhandlung gefährden?

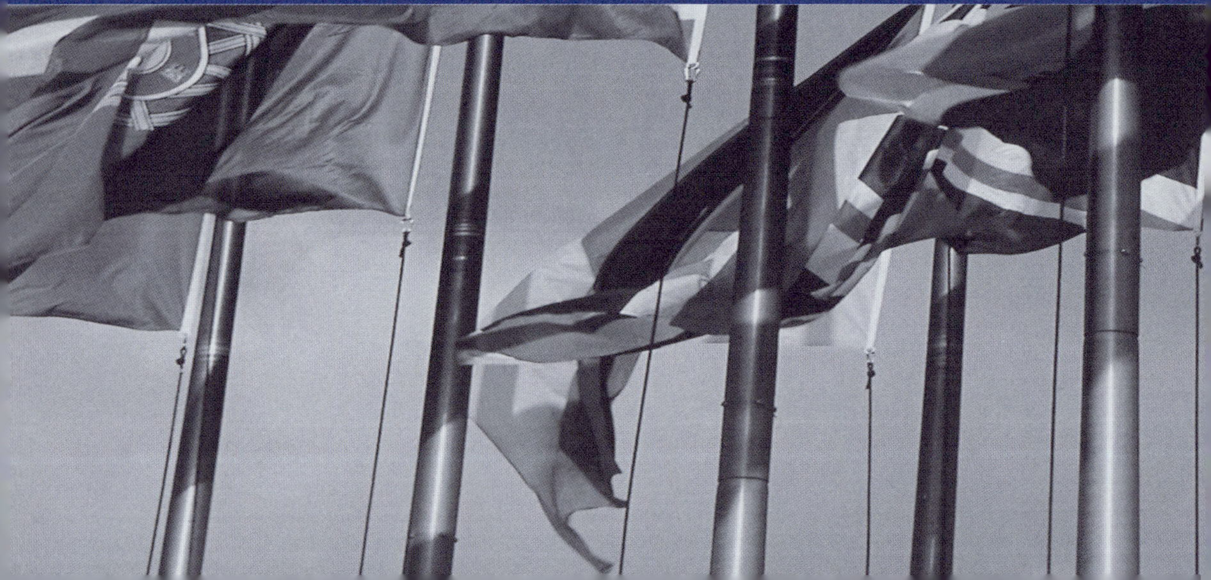

8 Verhandlungen mit Amerikanern

- *Soziale Ausprägung*
- *Methodik der Verhandlung*
- *Verhandlungsprozess*

WICHTIG

Aufgrund der Größe Amerikas sowie der regionalen und ethnischen Unterschiede in der Bevölkerung ist eine Verallgemeinerung noch problematischer als beispielsweise für Deutschland. Daher sei hier nochmals darauf hingewiesen, dass die Angaben nicht allgemeingültig sind, sondern lediglich weit verbreitete Handlungsweisen zeigen und Sie für Unterschiede sensibilisieren sollen.

Die folgenden Ausführungen beziehen sich auf die am stärksten vertretenen Personengruppen in US-Unternehmen. Die Wurzeln dieser Personengruppen liegen häufig in Europa.

Verhandeln mit US-Amerikanern: Soziale Ebene

Verhalten und Kommunikation der Amerikaner

Verhalten

Im Gegensatz zu Deutschen oder Franzosen sind Amerikaner in der Regel sehr freundlich und umgänglich. Diese oberflächliche Freundlichkeit ist hauptsächlich ein Zeichen guter Manieren und eines angemessenen sozialen Verhaltens. Unterhaltungen werden dementsprechend ebenso freundlich, unverfänglich und oberflächlich geführt. Das beste Beispiel ist die Begrüßungsfloskel „How are you", die als Freundlichkeit gemeint ist, aber keine Antwort außer „Fine, thanks" erwartet. Trotz dieses legeren Auftretens kritisieren sie direkt, offen und ehrlich Missstände aller Art.
Dies bedeutet allerdings nicht zwangsläufig, dass sie als Empfänger ebenso kritikfähig sind. Vielmehr kann man durch Kritik Kampfreaktionen auslösen. Die amerikanische Kultur orientiert sich, ebenso wie die meisten nordeuropäischen Kulturen, am Individuum. Amerikaner gelten als Menschen, die Äußerlichkeiten viel Wert beimessen. Es ist ihnen wichtig, was andere über sie denken und sagen; sie wollen gemocht und akzeptiert werden.
Ihr Selbstbewusstsein ist meist sehr ausgeprägt. Sie halten ihre Art und Weise für die beste, wollen sie oft anderen Kulturen aufdrängen und wundern sich, wenn sie auf Gegenwehr treffen. Ihre Distanzkreise sind ähnlich denen der Deutschen. In Gesprächen mit Franzosen werden sie ständig zurückweichen, da letztere fortwährend in ihre Distanzkreise eindringen.

Kommunikation

US-Amerikaner übermitteln und wollen ihrerseits die Bedeutung von Informationen fast ausschließlich durch verbale Kommunikation erhalten. Mehrdeutige Kommentare oder nonverbale Elemente verwirren amerikanische Verhandlungspartner, die gewohnt sind, Situationen schwarz-weiß zu sehen und dementsprechend schnell und unkompliziert lösen zu können. Sie verwenden häufig Superlative und verteilen überschwängliches Lob. Sie drücken ihre Gefühlslagen sehr stark auf nonverbalem Wege aus, wie zum Beispiel dem Blick auf die Uhr, wenn sie das Treffen beenden wollen. Hohe Bedeutung messen sie direktem Augenkontakt bei, der Ehrlichkeit und Aufrichtigkeit zeigt.

Macht

Amerikaner lehnen herablassendes oder überlegenes Verhalten ab und bevorzugen Gleichheit der Gesprächsteilnehmer. Das bereits beschriebene Selbstbewusstsein, sowohl als Individuum als auch als Teil der „Weltmacht USA", ist zwar eine

Hilfe, gestärkt in eine Verhandlung zu gehen, aber kein Machtstreben wie bei Deutschen oder Franzosen. Machtansprüche passen zudem nicht in die von Amerikanern häufig praktizierte Trennung von Sach- und Beziehungsebene.

Verhandeln mit US-Amerikanern: Methodische Ebene

Ziele & Strategie

Kurzfristige Ziele und bekannte Strategien

Amerikaner sind sehr begabte Verhandlungsführer, deren Ziel der Sieg, wenn möglich der totale Triumph ist. Doch der naheliegende Rückschluss, sie würden Win-Lose-Strategien verfolgen, trifft nicht zu. Sie versuchen zumeist, Win-Win-Verhandlungen zu führen, da im Geschäftsleben der Gegner nicht „vernichtet" werden soll.

Die strikte Trennung von Sachverhalten und Positionen, die sie dabei verfolgen, entspringt dem Harvard-Konzept, das in den USA häufig praktiziert wird. Ihre Ziele sind wesentlich kurzfristiger angelegt als in anderen Kulturkreisen. Sie suchen nach schnellstmöglichen Ergebnissen.

Taktik

Das Verhalten von Amerikanern in Verhandlungen entspricht ihrer professionellen und sachlichen Grundeinstellung. Ihr Verhalten setzen sie in großem Maße taktisch ein. Gemäß dem Harvard-Konzept sind sie unnachgiebig auf der Sachebene, aber umgänglich auf der sozialen Ebene. Wutausbrüche wird man bei ihnen selten sehen und wenn, kann man davon ausgehen, dass es sich um eine Taktik handelt.

Wenn Sie mit amerikanischen Geschäftsleuten verhandeln, sollten Sie stets zurückhaltend, besonnen und vor allem selbstbewusst auftreten, um keine Schwächen zu offenbaren, da diese sofort ausgenutzt werden können. Nicht umsonst heißt es „Never let them see you sweat." (Engel 1997, Seite 64).

Zu Fragetechniken haben sie ein ambivalentes Verhältnis. Sie geben Informationen oft nur widerwillig preis, doch sie selbst fordern zumeist sehr umfangreiche und detaillierte Informationen.

Taktiken wie „Broken Record", Stille und vor allem „Good Guy – Bad Guy" setzen Amerikaner häufig ein. Dies ist nicht verwunderlich, da viele dieser Taktiken aus den USA stammen.

Verhandeln mit US-Amerikanern: Prozessebene

Stringentes Vorgehen, aber auch Ablenkungsmanöver

Für Amerikaner gilt: „Time is money". Sie kann verschwendet oder gut investiert werden. So wird auf die Begrüßung und Einführung sehr wenig Zeit verwendet, um schnellstmöglich die Verhandlung zu beginnen. Sie erwarten einen pünktlichen Beginn und ein ebenso pünktliches Ende der Verhandlung, zumeist anhand einer Agenda.
Amerikanische Gesprächspartner werden oft schriftliche Zusammenfassungen fordern, denn detaillierte Daten sind eine Grundlage für ihre Entscheidungen. Nur in den seltensten Fällen wird man Entscheidungen aufgrund von unvollständigen Informationen oder Grundsatzvereinbarungen treffen. Auch sollten alle Vereinbarungen schriftlich festgehalten werden, um Missverständnisse auszuschließen. Selbst kleinste Ungereimtheiten können bereits getroffene Vereinbarungen nachträglich unwirksam machen. Dem Wunsch amerikanischer Verhandlungspartner, die Verhandlung zu gewinnen, sollte mit Startangeboten gemäß dem „Kuss-Szenario" entsprochen werden. Sie selbst beginnen häufig mit weit überzogenen Forderungen und versuchen, von ihren Kernzielen abzulenken, indem sie über viele unwichtige Punkte verhandeln.

MERKZETTEL FÜR VERHANDLUNGEN MIT AMERIKANERN		
SOZIALE EBENE	Verhalten	• Amerikaner sind zumeist freundlich und umgänglich. • Gleichzeitig sind sie häufig unverfänglich und oberflächlich. • Sie sind strikt aufgabenorientiert. • Viele amerikanische Geschäftsleute sind sehr selbstbewusst. • Sie haben ähnlich große Distanzkreise wie die Deutschen.
	Kommunikation, K-E-M	• Amerikaner kommunizieren *low context*, die Aussagen sind klar und deutlich. • Informationen fließen bei Amerikanern hauptsächlich verbal. • Sie verwenden häufig Superlative und Lob. • Sie drücken Gefühlslagen stark nonverbal aus.

SOZIALE EBENE	Macht	• Amerikaner lehnen in der Regel herablassendes Verhalten ab. • Vielmehr bevorzugen sie Gleichheit der Verhandlungspartner. • Machtansprüche weichen häufig zugunsten der Trennung von Sach- und Beziehungsebene, doch zuweilen wird Macht auch deutlich demonstriert.
METHODISCHE EBENE	Ziele & Strategie	• Amerikaner verfolgen im Regelfall kurzfristige Ziele. • Sie führen zumeist Win-Win-Verhandlungen. • Viele Amerikaner verwenden das Harvard-Konzept (d.h. sie trennen Sach- und Beziehungsebene voneinander).
	Taktik	• Amerikaner geben sich professionell und sachlich. • Sie nutzen Schwächen aus, die sich zeigen. • Sie fordern viele, aber geben nicht gerne Informationen. • Taktiken wie „Broken Record", „Good Guy – Bad Guy" und Stille werden oft und gerne verwendet.
PROZESSEBENE	Verlauf	• „Time is money": Amerikaner verlieren keine Zeit. • Sie kommen schnell zum Geschäft. • Für sie ist eine Agenda, die strikt einzuhalten ist, von großer Bedeutung. • Sie fordern häufig schriftliche Zusammenfassungen. • Sie wollen Verhandlungen „gewinnen". • Sie stellen oft überzogene Forderungen, um mehr zu erreichen.

Wie verhandle ich mit Italienern?

Was muss ich beachten, um erfolgreich zu sein?

Was kann die Verhandlung gefährden?

9 Verhandlungen mit Italienern

- *Soziale Ausprägung*
- *Methodik der Verhandlung*
- *Verhandlungsprozess*

WICHTIG

Die Tatsache, dass Nord- und Süditaliener sich sehr stark unterscheiden und sich davon abgesehen oft auch nicht „grün" sind, zeigt auch hier, dass es keine allgemeine Abhandlung über „den" typischen Italiener geben kann. Doch es gibt weit verbreitete Verhaltensweisen, die einen Vergleich möglich machen.

Verhandeln mit Italienern: Soziale Ebene

Verhalten

Das italienische Verhalten gegenüber Geschäftspartnern aus fremden Kulturen unterscheidet sich von dem der Deutschen, Franzosen oder Amerikaner. Sie sind aufmerksam und gastfreundlich und bevorzugen es, Geschäfte mit Personen zu tätigen, mit denen sie zuvor eine Beziehung aufgebaut haben. Ausgiebiger „Small Talk" vor dem Beginn ist daher für sie ein wichtiger Teil der Verhandlung.
Sie sind höflich, zeigen gute Manieren und erwarten dies auch von ihren Geschäftspartnern. Dies steht in keinem Gegensatz dazu, dass sie unter Umständen sehr emotional reagieren können. Der körperliche Kontakt ist intensiv und die Distanzkreise sind ähnlich gering wie die der Franzosen, was für Nordeuropäer und Amerikaner mitunter unangenehm ist.

Kommunikation

Italienisches Temperament, aber höflich und diplomatisch

Der kommunikative Kontext der Italiener bewegt sich zwischen Franzosen und Amerikanern. Ihre Ausführungen sind mitunter subtil und erfordern vom Empfänger, „zwischen den Zeilen lesen" zu können. Absagen können so diplomatisch formuliert sein, dass man sie anfangs nicht erkennt. Andererseits verkünden sie ihre Meinung auch unumwunden, wenn sie etwas ablehnen.
In Italien wird, wie auch in Frankreich, nonverbaler Kommunikation ein hoher Stellenwert beigemessen. Italiener kommunizieren häufig sehr stark durch ihre Gestik und achten darauf auch bei ihren Gesprächspartnern. Daher sollten Sie nur wenig gestikulieren, bevor Sie die Bedeutung kennen.

Macht

Italiener bevorzugen Gleichheit bei Verhandlungen. Die Verhandlungsführer müssen ranggleich sein. Versuche, Druck auszuüben, lösen, ebenso wie herablassendes Auftreten, Widerstand aus.

Verhandeln mit Italienern: Methodische Ebene

Bleiben Sie besonnen und zielorientiert!

Ziele & Strategie

Italiener sind zumeist ihren Unternehmen sehr loyal und treu ergeben. Andererseits versuchen sie, bei fremden Unternehmen alle Vorteile auszunutzen, die sich bieten. Die oft verwendete Taktik, in letzter Minute nochmals Forderungen zu verschärfen, verstärkt den Eindruck, dass sie zu Win-Lose-Verhandlungen tendieren. Da sie jedoch bevorzugt mit Partnern verhandeln, zu welchen sie zuvor eine Beziehung aufgebaut haben, streben sie zwar grundsätzlich einen Konsens an, verhandeln aber in diesem Rahmen unnachgiebig. Somit ist ihre Strategie zwischen Win-Win und Win-Lose, allerdings mit einer Tendenz zu Win-Lose, einzuordnen.

Taktik

Italiener sind emotionale Menschen. Sie werden während einer kontroversen Diskussion sehr wahrscheinlich oft unterbrechen und im Verlauf der Verhandlung zunehmend emotional reagieren. Wie auch in Verhandlungen mit Franzosen sollte die Gegenpartei den „ruhenden Pol" darstellen und durch bedachtes Verhalten die Situation deeskalieren. Da sie weniger trainiert als vielmehr nach ihrem Gefühl verhandeln, setzen sie Taktiken wie Fragetechniken, Stille oder „Good Guy – Bad Guy" selten gezielt ein.

Verhandeln mit Italienern: Prozessebene

In Bezug auf die Einstellung zu Zeit und Pünktlichkeit sind die Italiener den Franzosen recht ähnlich. Die Agenda wird vergleichbar flexibel gehandhabt. Aus Respekt gegenüber ausländischen Verhandlungspartnern wird nach Möglichkeit pünktlich begonnen. Auf festgelegte Termine muss man mehrmals hinweisen, um die Wichtigkeit zu verdeutlichen.

Schriftliche Vereinbarungen sehen Italiener als bindend an, doch haben sie eine Abneigung gegen zu straffe Regeln. Sie bevorzugen es, gewisse Sachverhalte individuell zu interpretieren. Daher sollten Sie die wichtigsten Elemente sehr deutlich herausheben.

MERKZETTEL FÜR VERHANDLUNGEN MIT ITALIENERN		
SOZIALE EBENE	Verhalten	• Italiener sind aufmerksam und gastfreundlich. • Der Aufbau einer Beziehung ist sehr wichtig, Small Talk vor Beginn der Verhandlung ist unabdinglich. • Sie haben gute Manieren und erwarten diese auch vom Gegenüber. • Sie sind sehr emotional. • Ihre Distanzkreise sind ähnlich gering wie die der Franzosen.
	Kommunikation, K-E-M	• Sie sind *mid context*-Kommunikatoren, zwischen Franzosen und Amerikanern. • Sie sind oft sehr diplomatisch, können aber auch sehr direkt sein. • Ihre Gestik und Mimik bei Gesprächen sind sehr ausgeprägt.
	Macht	• Italiener lehnen herablassendes Verhalten ab. • Sie bevorzugen Gleichheit der Verhandlungspartner. • Die Verhandlungsführer müssen ranggleich sein. • Der Versuch, Druck auszuüben, löst Widerstand aus.

METHODISCHE EBENE	Ziele & Strategie	• Italiener nutzen alle sich bietenden Vorteile. • Es kann durchaus vorkommen, dass sie ein Angebot in letzter Minute ablehnen, selbst wenn eine Einigung greifbar schien. • Sie verhandeln nach Win-Win, teilweise mit Win-Lose-Tendenzen.
	Taktik	• Italiener zeigen oftmals Emotionen. • Sie unterbrechen Gesprächspartner häufig. • Taktiken wenden sie nach Gefühl, nicht nach Erlerntem an.
PROZESSEBENE	Verlauf	• Italiener handhaben eine Agenda flexibel und lassen sich nicht durch einen Zeitrahmen beirren. • Die Wichtigkeit von Terminen muss ihnen oft mehrfach verdeutlicht werden.

Wie verhandle ich mit Chinesen und Japanern?

Was muss ich beachten, um erfolgreich zu sein?

Was kann die Verhandlung gefährden?

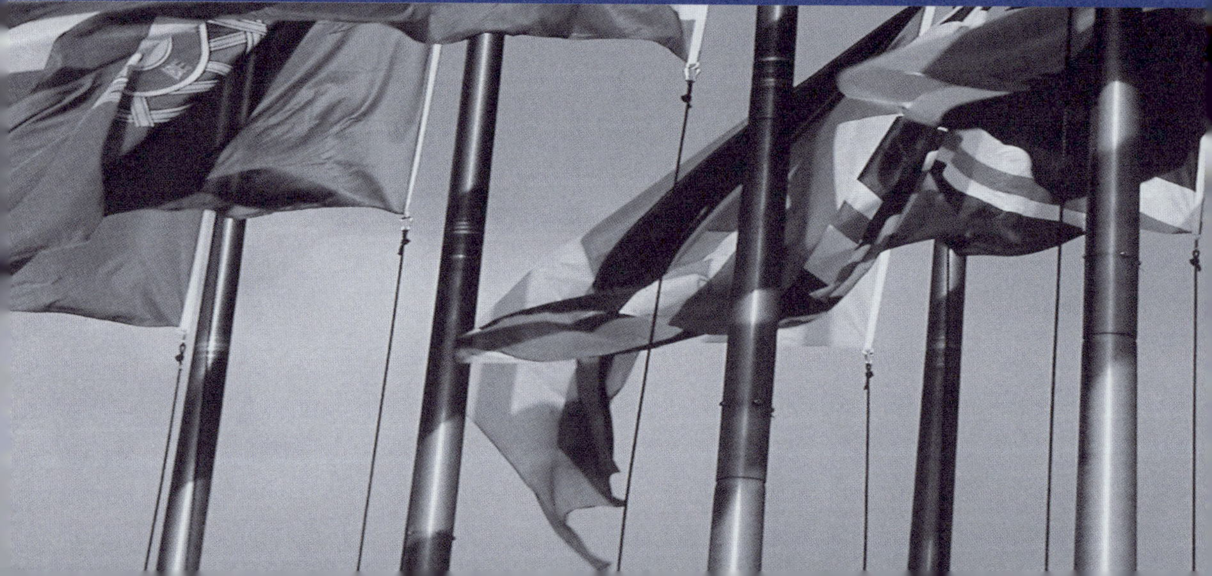

10 Verhandlungen mit Ostasiaten am Beispiel von China und Japan

- Soziale Ausprägung
- Methodik der Verhandlung
- Verhandlungsprozess

WICHTIG

Wenn Verallgemeinerungen über nur ein Volk bereits schwierig sind, dann ist es umso komplizierter, eine gesamte Kulturfamilie zusammenfassend zu beschreiben. Die folgenden Ausführungen sollen lediglich für die elementaren Unterschiede zu westlichen Ländern sensibilisieren, immer vor dem Hintergrund, dass selbst innerhalb der ostasiatischen Kulturen große Unterschiede, doch auch mitunter ebenso große Ähnlichkeiten bestehen.

Verhandeln mit Chinesen und Japanern: Soziale Ebene

Verhalten

Das Auftreten von Ostasiaten wird zumeist als freundlich, aber unverbindlich, gelegentlich sogar als devot beschrieben. Die Höflichkeit ist tief in ihrer Kultur verwurzelt, ebenso die Einstellung, dass eine Beziehung aufgebaut werden sollte, bevor man Geschäfte macht. Diese Beziehungen werden oft außerhalb der Büros beim Essen geknüpft und sind mitentscheidend für eine gute Geschäftsbeziehung. Chinesen und Japaner haben eine Abneigung gegen körperlichen Kontakt mit Fremden und recht große Distanzkreise.

Kampfreaktionen löst man bei Menschen aus dem ostasiatischen Raum zumeist aus, wenn man sie direkt kritisiert. Chinesen oder Japaner würden dies nie tun, also erwarten sie es auch nicht von anderen. Dennoch werden sie ihre Emotionen nur selten zeigen. Durch die intensiven Geschäftsbeziehungen zu westlichen Unternehmen kennt man in den ostasiatischen Ländern die Bräuche und kulturellen Eigenheiten der wichtigsten Partnerländer und verhält sich zum Teil sogar recht „westlich".

Kommunikation, K-E-M

Chinesen wie Japaner sind *high context*-Kommunikatoren, die sehr großen Wert auf kleinste nonverbale Signale legen. In vielen asiatischen Ländern nicken die Gesprächspartner häufig oder bejahen Vorschläge. Dies bedeutet oft lediglich, dass sie den Vorschlag verstanden haben, jedoch nicht, dass sie ihn akzeptieren. Die fast schon legendäre Höflichkeit verbietet eine direkte Verneinung. Also versuchen Chinesen wie Japaner der Gegenseite zu helfen, das Gesicht zu wahren, indem sie lediglich durch vage Andeutungen oder kleinste nonverbale Botschaften die wahre Bedeutung übermitteln. Ein Lächeln kann Freude bedeuten, aber auch Selbstkontrolle, um Unzufriedenheit zu verbergen.

Doch trotz oder gerade wegen dieser wichtigen Rolle der nonverbalen Elemente ist die Körpersprache sehr dezent. Ständiger direkter Augenkontakt ist für Chinesen und Japaner unangenehm; Fremde wissen andererseits deren indirekte Blicke nicht zu deuten. Da nur wenige ostasiatische Geschäftsleute gut englisch sprechen, empfiehlt es sich, die Dienste eines Dolmetschers zu nutzen oder zumindest sehr langsam und in kurzen, einfachen Sätzen zu sprechen, um sicherzugehen, dass die Botschaft komplett und richtig ankommt.

Die „Länder des Lächelns": indirekte Blicke und vage Andeutungen erschweren uns die Kommunikation.

Der Beziehungsaufbau erfolgt über „private" Treffen.

Macht

Intakte Beziehungen sind Chinesen wie Japanern wichtiger als Machtstreben. Sie wollen eine Basis schaffen, um bei der Verhandlung einen Konsens zu erleichtern und Konflikte zu vermeiden. Sehr große Bedeutung für den Beziehungsaufbau kommt Treffen in Bars oder Restaurants zu. Doch diese geselligen Treffen haben auch andere Hintergründe. In entspannter Stimmung fließen viele Informationen, selbst wenn nur selten geschäftliche Themen besprochen werden. Diese Informationen bedeuten Macht und sowohl Chinesen als auch Japaner sind, aus Angst, das Gesicht zu verlieren und der daraus resultierenden Risikoscheue, Meister im Informationensammeln.

Verhandeln mit Chinesen und Japanern: Methodische Ebene

Ziele & Strategie

Die Einstellungen der Chinesen und Japaner zu Macht und Beziehungen implizieren, dass Win-Win-Verhandlungen geführt werden. Auch wenn Konfrontationen aus Gründen der Höflichkeit weitgehend vermieden werden sollen, sind auch Win-Lose-Elemente zu finden. So kann es geschehen, dass sie die Gespräche bewusst verschleppen, bis der Verhandlungspartner unter Zeitdruck gerät.

In verschiedenen Variationen wurde eine Geschichte erzählt, bei der ein europäischer Geschäftsmann bei seiner Ankunft gefragt wurde, für wann sein Rückflug gebucht sei, da man den Transfer zum Flughafen organisieren wolle. Als er den exakten Termin seines Rückfluges nannte, hatten es seine chinesischen Gastgeber plötzlich gar nicht mehr eilig. Sie zeigten ihm ausgiebig die Produktionsanlagen, gingen essen und sprachen nicht über das Geschäft. Erst als nur noch wenige Stunden Zeit blieb, fing man gemächlich an zu verhandeln, wodurch der Europäer unter enormem Zeitdruck weitreichende Konzessionen machen musste.

Taktik

Viele Menschen aus ostasiatischen Ländern sind wahre Meister der Selbstbeherrschung. Es ist eine kulturelle Norm, Aggressionen zu unterdrücken und stets freundlich zu bleiben. Wenn sie bei Streitigkeiten lächeln, wirkt dies befremdlich auf Europäer oder Amerikaner, doch deren Unbeherrschtheit hat die gleiche Wirkung auf Chinesen und Japaner. Wer Ostasiaten zu heftigen emotionalen Ausbrüchen verleitet, muss zuvor viele schwere Fehler begangen haben. Durch die bereits beschriebene Informationsaufnahme der ostasiatischen Kulturen liegt nahe, dass sie auch intensiven Gebrauch von Fragetechniken machen. Stille wird nicht als unangenehm empfunden, sondern vielmehr als nützlich angesehen. Sie ist auch ein sehr chineisisches Mittel als Reaktion auf unangemessenes Verhalten. „Roger-Taktik“, „Good Guy – Bad Guy“ und Drohungen werden in der Regel nicht angewandt. Sie wären mit den Prinzipien von Höflichkeit und Konfliktvermeidung unvereinbar.

Selbstbeherrschung und Höflichkeit bestimmen die Verhandlungen.

Verhandeln mit Chinesen und Japanern: Prozessebene

Beziehungspflege ist wichtig!

Beziehungen sind ein Kernelement erfolgreicher Verhandlungen mit Ostasiaten. Somit kommt der Beziehungsaufnahme und -erhaltung eine große Bedeutung zu, um langfristig gute Ergebnisse zu erzielen.
Während des Verlaufes kann sich die Verhandlung erheblich verzögern, wenn Chinesen *Xietiao* anwenden. Dabei tauschen sie sich so lange untereinander aus, bis sie zu einem Konsens kommen. Dieser langwierige Prozess kann Fremde, insbesondere aus westlichen Kulturen, ungeduldig werden lassen. Ostasiaten stehen oft im Ruf, selbst schriftliche Verträge leichtfertig zu brechen. Sie meinen einfach, dass die Modalitäten angepasst werden können, wenn sich die Rahmenbedingungen verändert haben.

MERKZETTEL FÜR VERHANDLUNGEN MIT OSTASIATEN		
SOZIALE EBENE	Verhalten	• Ostasiaten sind in der Regel freundlich, unverbindlich und zuweilen fast devot. • Der Aufbau einer Beziehung vor der Aufnahme von Geschäften ist unabdinglich, um erfolgreich zu sein. • Ostasiaten zeigen Höflichkeit und erwarten diese auch von anderen. • Sie haben sehr große Distanzkreise und fühlen sich schnell bedrängt. • Ihre Selbstbeherrschung sucht ihresgleichen.
	Kommunikation, K-E-M	• Ostasiaten sind *high context*-Kommunikatoren, sie würden Kritik oder Probleme nie ansprechen. • Daher sind kleinste nonverbale Elemente wichtig, um die wahre Botschaft zu erkennen. • Ihre Körpersprache ist überwiegend dezent, da sie sehr auf die Bedeutung achten. • Sie meiden langen, direkten Augenkontakt.
	Macht	• Ostasiaten sind Beziehungen oft wichtiger als Macht. • Sie wollen den Konsens suchen oder Konflikte vermeiden. • Informationen bedeuten Macht und werden daher gesammelt und genutzt.

METHODISCHE EBENE	Ziele & Strategie	• Chinesen und Japaner pflegen Win-Win-Verhandlungen, jedoch mit einigen Win-Lose-Elementen. • Ihre Strategien sind langfristig und sehr vorsichtig.
	Taktik	• Die Selbstbeherrschung hat für Ostasiaten auch großen taktischen Wert. • Sie sind immer freundlich und lächeln überwiegend. • Sie fragen viel. • Chinesen und Japaner verwenden häufig Stille. • Taktiken wie „Good Guy – Bad Guy“ nutzen sie nicht, da das unhöflich wäre.
PROZESSEBENE	Verlauf	• Beziehungen aufbauen und erhalten ist für Ostasiaten der Kern des Prozesses. • *Xietiao* kann Verhandlungen erheblich verzögern. • Sie ändern bestehende Verträge, wenn sie der Meinung sind, dass sich die Rahmenbedingungen geändert haben.

Was sind die größten Unterschiede?

Wo bestehen Ähnlichkeiten zwischen den Kulturen?

Was haben wir daraus gelernt?

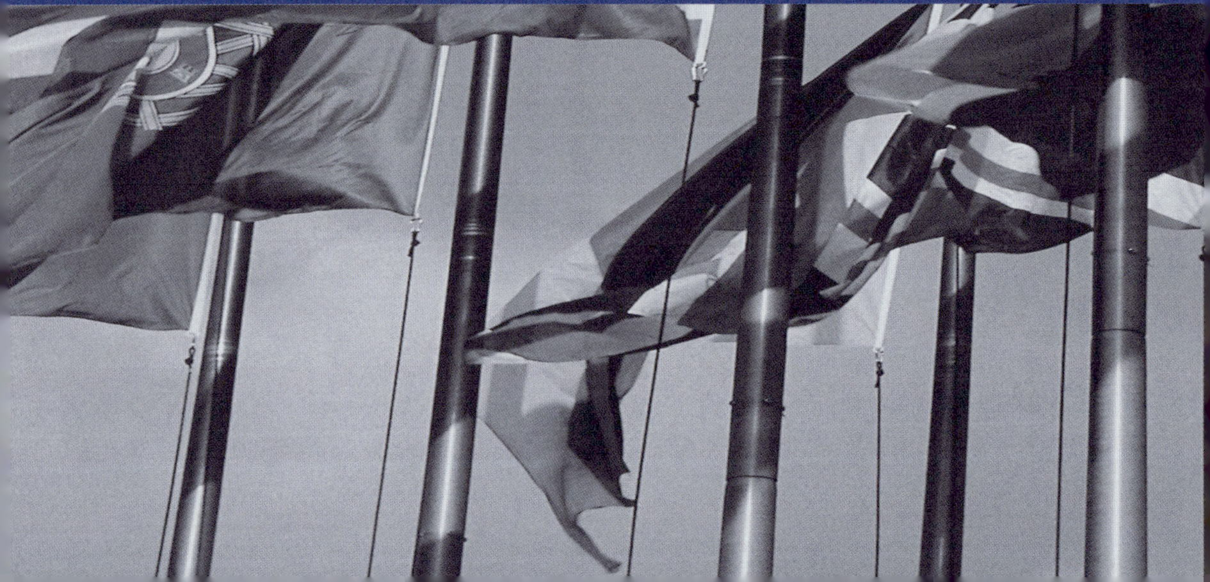

11 Gesamtübersicht des Kulturvergleichs

- Zusammenfassung
- Folgerungen
- Nachwort

Gesamtübersicht des Kulturvergleichs

Ähnlichkeiten und Unterschiede

Sie haben nun weit verbreitete Verhaltensweisen von fünf Kulturen kennen gelernt. Der Vergleich sollte Ihnen vor Augen geführt haben, wie groß die Unterschiede bezüglich einzelner Merkmale sind, jedoch auch, dass in einigen Bereichen mitunter große Ähnlichkeiten bestehen. Um Ihnen die gesammelten Erkenntnisse zu verdeutlichen und vergleichbar zu machen, werden einige der wichtigsten Eigenschaften grafisch verglichen. Bedenken Sie dabei, dass es sich häufig nicht um messbare Angaben handelt, sondern um Näherungswerte.

Grafischer Vergleich der Kulturen

Beziehungen und Emotionen im interkulturellen Vergleich

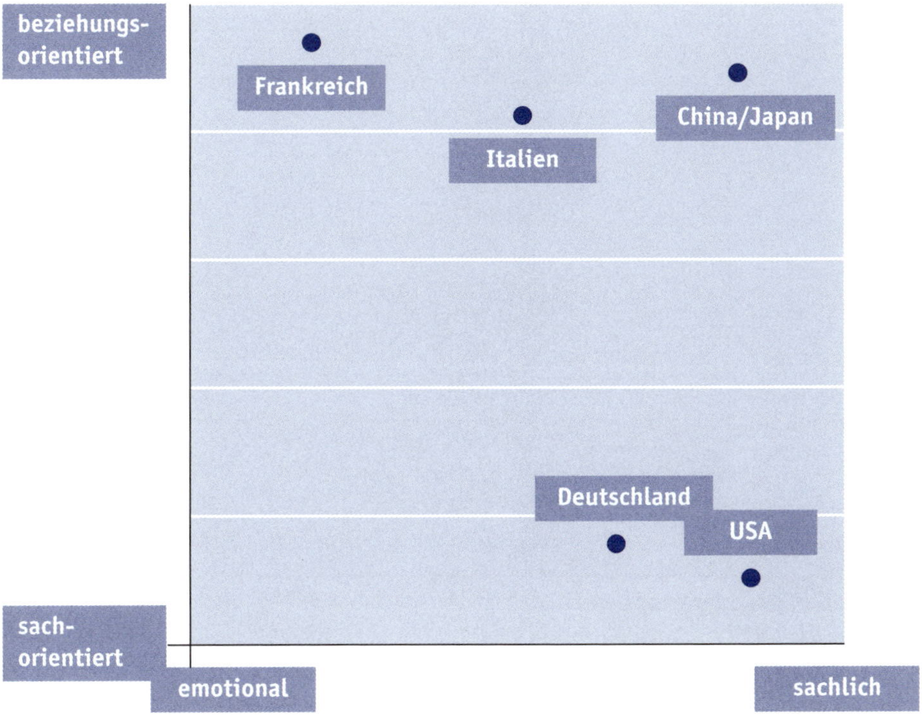

In vielen Punkten ähneln sich Franzosen und Italiener. Sie sind emotional, beziehungsorientiert und haben sehr geringe Distanzkreise. Auch der kommunikative Kontext ist ähnlich, denn bei beiden Kulturen muss man häufig „zwischen den Zeilen lesen" können. In Bezug auf Sachlichkeit und Ehrlichkeit sind sich Deutsche und Amerikaner sehr ähnlich, doch ebenso groß sind die Unterschiede im Verhältnis zur Macht und im Verhalten. Die Offenheit und Ehrlichkeit der Deutschen und Amerikaner ist sowohl Franzosen, Italienern als auch Ostasiaten in der Regel zu direkt; sie fühlen sich angegriffen.

Machtstreben und Strategien im interkulturellen Vergleich

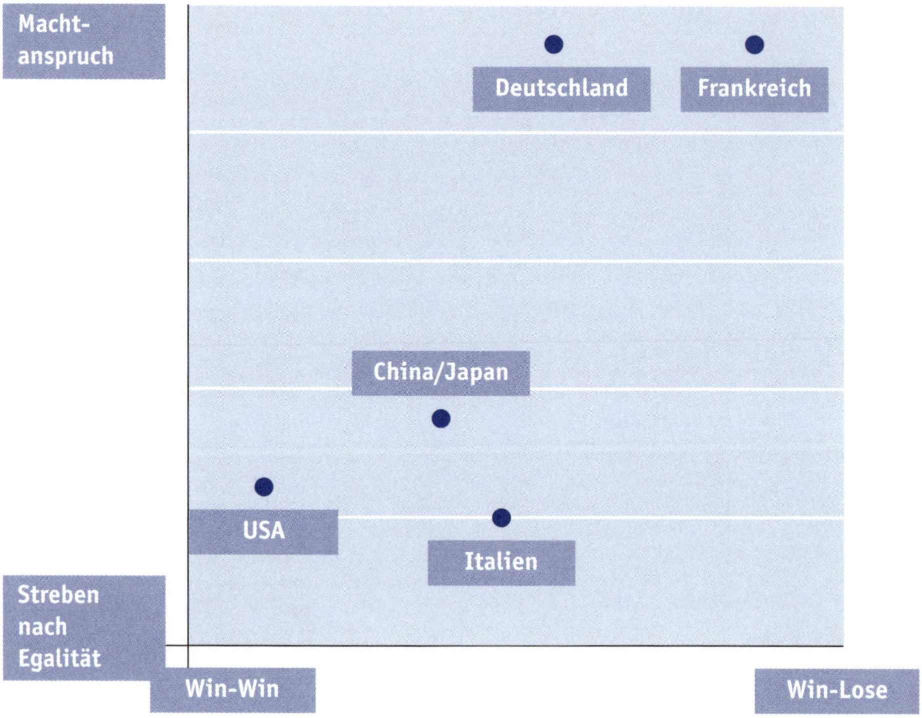

Die Verhaltensweisen von Japanern und Chinesen weichen in vielen Punkten stark von den anderen analysierten Kulturen ab. Ihr Verständnis von Beziehungen ist wesentlich stärker ausgeprägt als das der Italiener und Franzosen und ihre Selbstbeherrschung und Höflichkeit suchen ihresgleichen.

Die verschiedenen Einstellungen zur Macht beeinflussen die abweichenden Ziele, Strategien, Taktiken und Abläufe. Sie geben also dem Vorgehen jeder Kultur individuelle Konturen, die sich im gesamten Verhalten und damit zwangsläufig auch in jeder Verhandlung widerspiegeln.

Kommunikationsstile im interkulturellen Vergleich

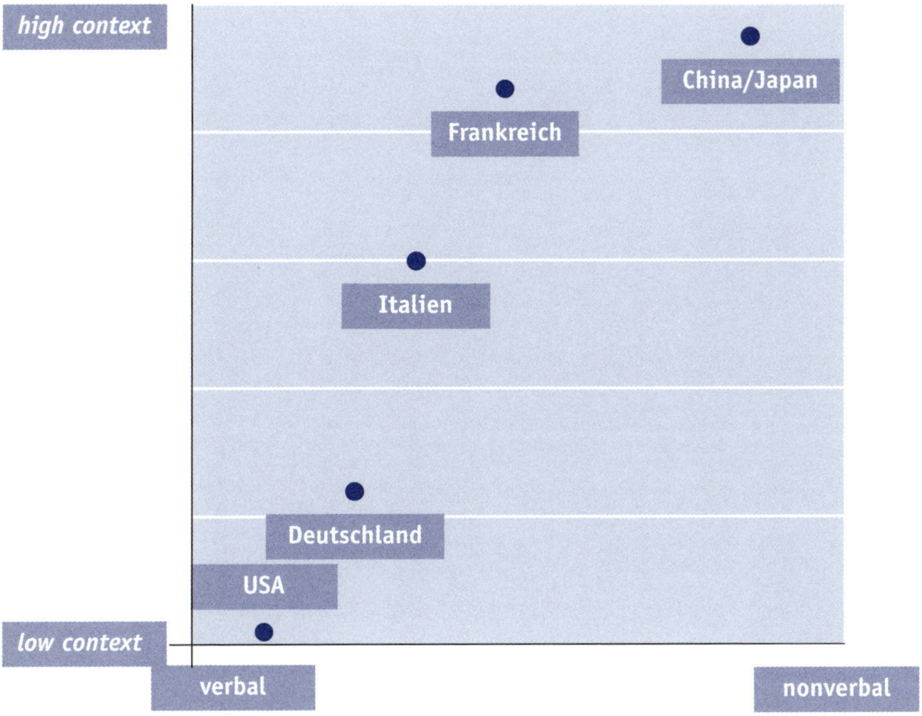

Amerikaner äußern ihre Gefühlslagen hauptsächlich verbal und die Aussagen sind zumeist glasklar formuliert, was auf *low context*-Kommunikation hinweist. Im Vergleich zu Italien, Frankreich und vor allem China und Japan ist die Art der Kommunikation sehr unterschiedlich, da in diesen Ländern sehr auf kleinste Gesten geachtet wird und gewisse Sachverhalte niemals direkt angesprochen werden. Auch die Tatsache, dass die Deutschen, aber in noch größerem Maße die Amerikaner bei Vorträgen und Präsentationen zunehmend auf nonverbale Botschaften achten, widerspricht der Grafik im Grunde nicht, da es sich zumeist um erlernte Verhaltensweisen handelt, wohingegen beispielsweise Chinesen von Natur aus sehr stark auf nonverbale Botschaften achten und diesen großen Wert beimessen.

Tabellarischer Vergleich der Kulturen

ÜBERSICHT ALLER ANALYSIERTEN KULTUREN

SOZIALE EBENE	Deutsche	Franzosen	US-Amerikaner	Italiener	Ostasiaten
Verhalten	• steif, formal • aufgabenorientiert • Beziehungsaufbau nicht notwendig • Trennung von Privat- und Berufsleben • große Distanzkreise • nicht sehr emotional	• reserviert, misstrauisch • Perfektionisten • Beziehungsaufbau sinnvoll • Trennung von Privat- und Beruflseben • sehr kleine Distanzkreise • sehr emotional	• freundlich und umgänglich • unverfänglich, oberflächlich • aufgabenorientiert • selbstbewusst • ähnlich große Distanzkreise wie Deutsche	• aufmerksam und gastfreundlich • Beziehungsaufbau wichtig → Small Talk • gute Manieren → werden auch vom anderen erwartet • emotional • Distanzkreise gering	• freundlich, unverbindlich, devot • Beziehungsaufbau unabdinglich • Höflichkeit ist wichtig • sehr große Distanzkreise • Selbstbeherrschung
Kommunikation, K-E-M	• *low context* • erklären Sachverhalte umfassend • direkt und ehrlich • wenig Mimik und Gestik • keine Übertreibungen und Superlative	• *high context* • „zwischen den Zeilen lesen" • ausgeprägte Gestik und Mimik	• *low context* • Informationen hauptsächlich verbal • verwenden häufig Superlative und Lob • drücken Gefühlslagen stark nonverbal aus	• *mid context*, zwischen Franzosen und Amerikanern • diplomatisch, aber z.T. auch direkt • ausgeprägte Gestik und Mimik	• *high context* • kleinste nonverbale Elemente sind enorm wichtig • Körpersprache ist sehr dezent • kein langer, direkter Augenkontakt
Macht	• „lieben" Macht und nutzen sie • Macht als Statussymbol • geben ungern Informationen preis	• „lieben" Macht und nutzen sie • Macht als Statussymbol • schätzen Respekt, wollen nicht unter Druck gesetzt werden	• lehnen herablassendes Verhalten ab • bevorzugen Gleichheit • Machtansprüche passen nicht zur Trennung von Sach- und Beziehungsebene	• lehnen herablassendes Verhalten ab • bevorzugen Gleichheit • Verhandlungsführer müssen ranggleich sein • Druck löst Widerstand aus	• Beziehungen sind wichtiger als Macht • Konsens suchen oder Konflikt vermeiden • Informationen bedeuten Macht → werden gesammelt und genutzt

ÜBERSICHT ALLER ANALYSIERTEN KULTUREN

		Deutsche	Franzosen	US-Amerikaner	Italiener	Ostasiaten
METHODISCHE EBENE	Ziele & Strategie	• langfristige, anspruchsvolle Ziele • Win-Win- mit Win-Lose-Tendenzen • fair, logisch, analytisch, aber auch unnachgiebig	• Win-Lose-Verhandlungen • unnachgiebiger Verhandlungsstil • halten oft selbst schriftliche Vereinbarungen nicht	• kurzfristige Ziele • Win-Win-Verhandlungen • Harvard-Konzept (Trennung von Sach- und Beziehungsebene/Position)	• nutzen alle Vorteile • in letzter Min. Ablehnung • Win-Win- mit Win-Lose-Tendenzen	• Win-Win- mit einigen Win-Lose-Elementen
	Taktik	• intensive Nutzung diverser Taktiken: sachliches, besonnenes Verhalten • viele Fragen • selten Good Guy – Bad Guy • häufig Drohungen	• Emotionen als Teil der Verhandlung • Abneigung dagegen, „ausgefragt“ zu werden • Stille fördert Ungeduld • Good Guy – Bad Guy ist sehr wahrscheinlich • Drohungen werden verwendet • reagieren emotional, wenn andere diese Taktiken anwenden	• professionell und sachlich • nutzen Schwächen aus • fordern viele, aber geben selbst nicht gerne Informationen • Broken Record, Good Guy – Bad Guy und Stille werden oft und gerne verwendet	• Emotionen • Unterbrechung • verhandeln nach Gefühl, nicht nach Erlerntem → keine Techniken wie Good Guy – Bad Guy	• Selbstbeherrschung • freundlich, lächeln • fragen viel • Stille wird oft verwendet • Good Guy – Bad Guy nicht, da unhöflich
PROZESSEBENE	Verlauf	• Pünktlichkeit und Ordnung • gute Vorbereitung, keine Ad-Hoc-Verhandlungen • beim Trading hart und unnachgiebig	• Gäste sollten gut vorbereitet sein • diskutieren lieber, als schriftliche Zusammenfassungen zu lesen • hohes Tempo, philosophisch, emotional • Agenda als Rahmen, muss nicht eingehalten werden	• time is money • kommen schnell zum Geschäft • Agenda, die strikt einzuhalten ist • fordern schriftliche Zusammenfassungen • wollen Verhandlung „gewinnen“ • überzogene Forderungen	• flexible Agenda • Wichtigkeit von Terminen muss mehrfach verdeutlicht werden	• Beziehungen aufbauen und erhalten ist Kern des Prozesses • Xietiao kann Verhandlungen erheblich verzögern • ändern bestehende Verträge

Die Bewährungsprobe

Mit der folgenden Übungsaufgabe können Sie Ihre Kenntnisse über interkulturelle Verhandlungen auf den Prüfstand stellen. Teilen Sie die Verhandlung in die drei Ebenen ein, um sich bestmöglich auf die Verhandlung vorzubereiten. Mehrfachnennungen sind möglich. Die Lösung finden Sie im Anhang auf Seite 104.

ÜBUNGSBEISPIEL: SIMULATION EINER VERHANDLUNG

Sie sind Deutscher und erwarten einen französischen Verkäufer, mit dem Sie über ein Produkt verhandeln möchten, das nach Ihrer Kenntnis 20 % zu teuer ist.

Soziale Ebene

1. Welche kulturellen Spannungsfelder könnten sich entwickeln?
   a) Distanzkreise
   b) Beziehungsaufbau
   c) Machtdemonstration
   d) Trennung von Privat- und Berufsleben
   e) Zeitplan

2. Was wird Sie tendenziell an Ihrem Gesprächspartner stören?
   a) Seine Emotionalität
   b) Sein häufiges Schweigen
   c) Seine Ehrlichkeit
   d) Ständiges „Zu-nahe-Kommen"
   e) Übertreibungen

3. Was könnte Ihren Gesprächspartner verwirren oder verärgern?
   a) Respektlosigkeit
   b) Keine Anwärmphase vor dem Gespräch
   c) Ihre Ehrlichkeit
   d) Ihre Art, Sachverhalte umfassend zu erläutern
   e) Wenn Sie Druck ausüben

Methodische Ebene

4. Welche Taktiken sollten Sie NICHT anwenden?
   a) Verhalten
   b) Fragetechnik
   c) „Broken Record"
   d) Stille
   e) „Good Guy – Bad Guy"
   f) Drohungen

5. Welche Taktiken könnte Ihr Gesprächspartner anwenden?
   a) Verhalten
   b) Fragetechnik
   c) „Broken Record"
   d) Stille
   e) „Good Guy – Bad Guy"
   f) Drohungen

Prozessebene

6. Nennen Sie Beispiele, welche Unterlagen Sie zusammenstellen sollten, um die Informationen als Hebel zu verwenden:

___

___

7. Welches Szenario sollten Sie auf keinen Fall anwenden?
   a) Rücken zur Wand
   b) Der Kuss
   c) Verankern
   d) Niedriger Einstieg

Nachwort

Sollten Sie sich auf ein Gespräch mit ausländischen Verhandlungspartnern vorbereiten, deren spezifischer Kulturkreis in diesem Buch nicht vorgestellt werden konnte (z.B. Lateinamerika, Osteuropa, Skandinavien ...), möchte ich Ihnen noch einige Tipps geben, wo und wie Sie sich kurzfristig Informationen verschaffen können.

PRAXISTIPPS

- Die Homepage des Auswärtigen Amtes www.auswaertiges-amt.de liefert Ihnen unter den Länderinformationen eine kurz gefasste Beschreibung der Wirtschafts- und Kulturbeziehungen mit Deutschland sowie über einen Link Webseite bzw. Kontaktadresse der jeweiligen Deutschen Außenhandelskammer. Dort finden Sie konkrete Hinweise zur Kontaktaufnahme und -pflege mit lokalen Geschäftspartnern (z.B. für Chile).
- Ebenso lohnend ist ein Besuch der Websites international tätiger Banken und/oder Wirtschaftsprüfungsgesellschaften (The Big Five). Letztere geben in der Regel sogar länderspezifische Broschüren zum Thema „How to do Business in ..." oder „Doing Business in ..." heraus, in denen Sie neben rechtlichen und finanzwirtschaftlichen Rahmenbedingungen durchaus brauchbare Hinweise auf „Dos and Don'ts" in geschäftlichen Beziehungen finden.
- Auch ein guter Reiseführer, den sie notfalls noch am Flughafen erwerben und ergänzend zu Ihren Geschäftsunterlagen unterwegs studieren können, gibt mitunter im kulturgeschichtlichen und/oder ethnologischen Teil wertvolle Informationen.

Fühlen Sie sich jetzt gut vorbereitet auf Ihre nächste Verhandlung mit Geschäftspartnern aus dem Ausland? Dann seien Sie gewarnt! Nur durch Übung können Sie wirklich gut vorbereitet in eine Verhandlung gehen. Sie halten mit diesem Buch kein Patentrezept in der Hand, wie man eine Verhandlung erfolgreich beendet, vielmehr einen Leitfaden, der Ihnen das Leben vereinfachen soll.

BEDENKEN SIE

1. Keine Verhandlung ist wie die andere!
2. Es gibt keine generell erfolgreiche Vorgehensweise!
3. Verhandlungen scheitern häufig nicht aufgrund des Sachverhaltes, sondern wegen zwischenmenschlicher Probleme!
4. Jeder Mensch ist unterschiedlich, daher wird nicht jeder dem Durchschnitt entsprechen, der in diesem Buch behandelt wurde!
5. Werte ändern sich! Der Globale Marktplatz führt zur Angleichung der Regeln und des Verhaltens der verschiedenen Kulturen.
6. Das Kennen und Respektieren der Werte anderer Kulturen vermittelt Wertschätzung und kann Brücken bauen!
7. Werfen Sie Vorurteile über Bord!
8. Bleiben Sie stets besonnen und ausgeglichen!

Und nun wünsche ich Ihnen viel Erfolg für Ihre Verhandlungen auf internationalem Parkett!

Sascha Zeisberg

Anhang

Lösungen zum Übungsbeispiel „Situationsanalyse“, S. 29:

Nur Fall 1 ist eine Plus-Situation. Die Ziele decken sich, sodass beide Ziele erreichbar sind.

Fall 2 ist eine Fragezeichen-Situation. Es ist durchaus möglich, dass sich beide einigen, gemeinsam zu fahren.

Fall 3 ist eine Minus-Situation. Klaus wird auf keinen Fall fliegen, Karl muss aber früher in München sein.

Fall 4 sieht nach einer Minus-Situation aus, da die Ziele sehr weit auseinander liegen. In der Praxis zeigt sich aber, dass es sich dennoch um eine Fragezeichen-Situation handelt, da in den meisten Fällen eine Einigung erzielt wird.

Fall 5 ist ähnlich gelagert wie Fall 4, es könnte sich jedoch auch um eine Minus-Situation handeln. Ähnliche Fälle hat es ebenfalls bereits gegeben; es kam dennoch zu einer Lösung. Dieser Fall soll Sie dafür sensibilisieren, dass nicht immer eindeutig zu erkennen ist, ob eine Fragezeichen- oder Minus-Situation vorliegt.

Fall 6 ist eine offene Situation. In der Regel kann entweder ein Kollege Ihren Gesprächspartner vertreten oder Sie müssen den Termin verlegen.

Fall 7 ist eigentlich eine Minus-Situation, da eine Preisreduzierung erhebliche Probleme zur Folge hätte. Sie können daraus allerdings eine offene Situation machen, wenn Sie bei dem Lieferanten beispielsweise zwei neue Teile einkaufen, für die er wettbewerbsfähig ist. Im Gegenzug wird er ihnen auch bei diesem Teil helfen können.

Lösungen zum Übungsbeispiel „Simulation einer Verhandlung, S. 100:

1. a, b, c, e
2. a, d
3. a, b, c, d, e
4. c, d und f tendenziell auch nicht
5. a, e, f
6.
   - Historie des Produkts
   - Fehler des Lieferanten in der Vergangenheit
   - Wettbewerbspreise
   - Möglichkeiten, neues Geschäft gegen eine Preisreduzierung zu geben
7. a

Literaturverzeichnis

Birkenbihl, Vera F.: *Psycho-Logisch richtig verhandeln*, Landsberg/Lech 1999

Brelson, Bernard/Steiner, Gary A.: *Menschliches Verhalten, Band II – Soziale Aspekte*, Weinheim 1972

Chen, Hanne: *Kulturschock China*, 4. Auflage, Bielefeld 2001

Dambmann, Gerhard: *Gebrauchsanweisung für Japan*, München 2000

Engel, Dean William: *Passport USA*, San Rafael, California 1997

Fisher, Roger/Ury, William/Patton, Bruce: *Das Harvard-Konzept*, 19. Auflage, Frankfurt 2000

Flamini, Roland: *Passport Germany*, San Rafael, California 1997

Fricke, Wolfgang: *Erfolgreich verhandeln: Diskussionsleitung, Verhandlungsvorbereitung, Verhandlungsführung*, 3. Auflage, Köln 1995

Gamber, Paul: *Konflikte und Aggressionen im Betrieb*, München 1992

Gioseffi, Claudia: *Passport Italy*, San Rafael, California 1996

Goosens, Franz: *Erfolgreiche Konferenzen und Verhandlungen*, Landsberg/Lech 1987

Hall, Edward T.; Reed Hall, Mildred: *Understanding cultural differences: Germans, French and Americans*, Yarmouth, Maine 1990

Hartig, Willfred: *Modernes Verhandeln: Grundlagen – Leitlinien – Fallbeispiele*, Heidelberg 1995

Jeske, Ralph: *Erfolgreich verhandeln – Grundlagen der Verhandlungsführung*, München 1998

Joseph, Nadine: *Passport France*, San Rafael, California 1997

Kroppenberg, Ulrich: *Menschliches Gedankengut im Zentrum der Orientierung des Unternehmens und seiner menschlichen und maschinellen Aktionsträger*, Wiesbaden 1991

Macioszek, Heinz-Georg: *Chruschtschows dritter Schuh*, 7. überarbeitete Auflage, Hamburg 2000

Maslow, Abraham H.: *Motivation und Persönlichkeit*, Reinbek 1999

Mole, John: *Euro-Knigge für Manager*, 2. Auflage, Frankfurt am Main; New York 1993

Morrison, Terri; Conaway, Wayne A.; Borden, George A.: *Kiss, Bow, or Shake Hands: How to Do Business in 60 Countries*, Holbrook, MA 1994

Nothdurft, Karl-Heinz: *Erfolgreicher verhandeln*, München 1972

Reck, Ross R./Long, Brian G.: *Unschlagbar verhandeln: Die beiderseitige Gewinnstrategie*, München 1990

Reilly, Leo: *Höllisch gut verhandeln: so erzielen Sie himmlische Gesprächserfolge*, 2. Auflage, Landsberg/Lech 1999

Reinhold, Gerd (Hrsg.): *Soziologie Lexikon*, München; Wien; Oldenbourg 1991

Watzlawick, Paul u.a.: *Menschliche Kommunikation – Formen, Störungen, Paradoxien*, 9. Auflage, Bern; Göttingen; Toronto; Seattle 1996

Wissmann, Wolf-Ruede: *Satanische Verhandlungskunst – und wie man sich dagegen wehrt*, Langen 1993

Stichwortverzeichnis

A

Abschluss 46
Akzeptanz 50
Argumentieren 43

B

Bedürfnis(-) 17
-befriedigung 17, 28
Beziehung(s-) 95
-konflikt 18
Botschaften, wechselseitige 20
Bräuche 50, 53
„Broken Record" 32

D

Drohungen 34

E

Ebene
-, methodische 12
-, soziale 12
--, Gesamtübersicht 98
Einfühlungsvermögen 16
Emotionen 18, 21, 95

F

Feinabstimmung 42
Fluchtverhalten 18
Fragen
-, geschlossene 32
-, offene 32
Fragetechnik 32

G

Gesamtübersicht 94
-, Ebene, soziale 98
-, Kommunikation (K-E-M) 98
-, Macht 98
-, Verhalten 98
Gesprächseinstieg 43
Glückshormone 19
„Good Guy – Bad Guy" 34

H

Handel 44
Hebelwirkungen 41
High context 22

K

Kampfverhalten 18
Kognition 21
Kommunikation(s-) 20
-, Gesamtübersicht 98
-stile 97
Kultur
-, explizite 24
-, implizite 24

L

„Leverages" 41, 43
Low context 22

M

Macht(-) 23
-, Gesamtübersicht 98
-streben 96

Manipulation 12
Miteinander, interkulturelles 11
Motivation 12, 17, 21

N
Nachbereitung 47
Normen 50

P
Patentrezept 11
Problemlösung 31
Prozessebene 12

R
Resümee 46
„Roger-Taktik“ 32

S
Sachkonflikt 18
Small Talk 42
Startangebot 44
Stille 34
Strategien 96
Stresshormone 19

T
„Take it or leave it“ 34
Taktik 31
Talente 23
Trading 44

U
Umsetzung 47

V
Veranlagungen 23
Verhalten(s-) 31
-, Gesamtübersicht 98
-muster 50
Verhandlungs-
-ergebnis 30, 47
-führung 11
-profile 53
Verständnis 50, 53
Vogelperspektive 11
Vorbereitung 40f.
Vorgehensweise, flexible 11

W
Werte 50
Wertschätzung 53
Win-Lose 30
Win-Win 30

Z
Zielkonflikt 28